Thomas Weiß

Siehe, ich verkündige euch große Freude

Thomas Weiß

Siehe, ich verkündige euch große Freude

Andachten und Gottesdienstentwürfe für die Advents- und Weihnachtszeit

neukirchener

MIX
Papier aus verantwortungsvollen Quellen
FSC® C014138

Wo nicht anders vermerkt, sind die verwendeten Bibelstellen entnommen aus: Lutherbibel, revidiert 2017, © 2016 Deutsche Bibelgesellschaft, Stuttgart.

Wir haben uns bemüht, alle Quellen ausfindig zu machen. Wo es uns nicht gelungen ist, sind wir dankbar für Hinweise.

Bibliografische Information der Deutschen Nationalbibliothek:
Die Deutsche Nationalbibliothek verzeichnet diese Publikation in der Deutschen Nationalbibliografie; detaillierte bibliografische Daten sind im Internet über http://dnb.d-nb.de abrufbar.

Umschlaggestaltung: Grafikbüro Sonnhüter, www.grafikbuero-sonnhueter.de,
unter Verwendung eines Bildes © vickram (shutterstock.com)
Lektorat: Rahel Dyck, Bonn
DTP: Breklumer Print-Service, www.breklumer-print-service.com
Verwendete Schrift: Chapparal Pro, Myriad Pro
Gesamtherstellung: Finidr, s.r.o.
Printed in Czech Republic
ISBN 978-3-7615-6656-5

www.neukirchener-verlage.de

Inhalt

Hören und Sehen. Ein Vorwort

Es ist ihnen erst einmal vergangen, das „Hören und Sehen“, den Hirten „in derselben Gegend auf dem Felde bei den Hürden“, von denen Lukas in seiner Weihnachtsgeschichte erzählt. Es ist ja auch ein bisschen viel: Eben haben sie noch den redlichen Schlaf der Arbeitsamen und Erschöpften geschlafen oder müde vor sich hin sinniert, die Schafe haben sich zueinander gelagert, auf dass sie es warm haben und den Wolf vergessen, sie grummeln und grunzen vor sich hin ... Da bricht ein Engel in die Szene, durchstrahlt die Nacht und spricht die aus der Ruhe gerissenen Hirten auch noch an. „Und sie fürchteten sich sehr!“ Wer will's ihnen verdenken!

Aber damit sie sich nicht fürchten, eben darum trat er zu ihnen, der „Engel des Herrn“; damit keiner sich fürchte und keiner verzage, darum tritt er ein in unsere Welt, der Gott, der Mensch wird: Kind in der Krippe, Lehrer aus Nazareth, Gekreuzigter auf Golgatha, Auferstandener im Garten.

Die Adventszeit spricht von unserer Erwartung, die Weihnachtszeit von seiner Ankunft – und sie tun es, mit Verlaub, in alten, wieder und wieder gehörten Geschichten. Da gibt es nichts Neues zu sagen, oder? Nein, wohl nicht, aber das Alte anders oder doch neu. Die hier gesammelten Gottesdienstentwürfe, Predigten, Andachten und Meditationen (allesamt in der Gemeinde und der gottesdienstlichen Feier erprobt) greifen die traditionellen adventlichen und weihnachtlichen Bilder und Texte auf, hören und lesen sie gegen den

Strich, suchen neue Einsichten in und Aussichten auf das (scheinbar) Vertraute.

Dabei lassen sie sich vom Begriffspaar „Hören und Sehen“ leiten – denn es ist eindrücklich, wie nah die Weihnachtsgeschichte das Hören zum Sehen, das Sehen zum Hören rückt: „Siehe, ich verkündige euch große Freude“ (Lukas 2,10). Es ist bemerkenswert: Das, was gesagt wird, vom Engel in der Heiligen Nacht, in den biblischen Perikopen der Advents- und Weihnachtszeit und zum neuen Jahr, bei der Predigt von der Kanzel und beim Gebet am Altar und in den Kirchenbänken, das soll nicht nur zu hören sein, das soll auch gesehen werden. Siehe! Also: Schaut, was ihr hört – und für Liturginnen und Liturgen, Predigerinnen und Prediger: Lasst was sehen von dem, was ihr zu Gehör bringt!

Ich lese das biblische „Siehe“ (in der Lutherbibel kommt es über 450 Mal vor!) immer als Aufforderung zur Sinnenhaftigkeit. Die biblische Botschaft macht nicht nur Sinn, sie ist auch sinnfällig, sinnlich gar. Da gibt es nicht nur etwas „auf die Ohren“, da gibt es auch etwas zur „Augenweide“, zum Fühlen und Tasten, zum Einschwingen und für den Wohlgeschmack, zum Zungenschnalzen und zum Schwelgen in Farben und Düften. So viel Sinnenhaftigkeit lässt sich in Liturgie und Predigt leider nicht zu jeder Zeit nachvollziehen – aber auf den Weg machen können wir uns schon, und das Bunte, Reiche, Lebendige des längst Vertrauten und des ab und an in Würde Ergrauten neu entdecken. Darum finden Sie, liebe Leserin und lieber Leser, in den Entwürfen Wortbilder, Zeichnungen, Symbolhandlungen, die ans Alltägliche anknüpfen und der Sinnlichkeit der Botschaft nachspüren.

Mit dem Ziel, dass in einer Welt und Zeit, da den Menschen Hören und Sehen leicht vergehen, immer noch und weiterhin gehört, gesehen, gefühlt, gerochen, geschmeckt werden kann, wie freundlich Gott ist und wie menschlich.

Wer das Büchlein nutzt, nehme die Entwürfe in seine liturgische und homiletische Werkstatt und gestalte nach seinen und ihren Notwendigkeiten, Überzeugungen und Leidenschaften.

Viele der vorgeschlagenen Lieder finden sich im Stammteil des Evangelischen Gesangbuches, sofern sie aus dem (in meinem Falle: badischen) Regionalteil entnommen wurden, habe ich die Fundstellen in anderen Regionalteilen exemplarisch benannt.
Fett gedruckt sind die gottesdienstlichen Elemente, in denen entweder die Musik eine besondere Rolle spielt (Präludien, Postludien, Instrumentalstücke) oder in denen die Gemeinde aktiv wird, singend oder mitsprechend. Ausgenommen davon sind die Wechselgebete zu Beginn der Gottesdienste, in denen sich der Wechsel der Sprechenden von selbst versteht. Die sprachliche Bearbeitung respektive Übertragung der Psalmen, die Umdichtung des einen oder anderen Liedtextes habe ich – in eigener Verantwortung vor Tradition und moderner Sprache (und aktueller Gemeinde) – selbst unternommen.

Denen, die dieses Werkstattbuch in die Hand nehmen, möge es nützen, für sich selbst und ihre jeweilige Gottesdienstgemeinde sinnenfällige Entdeckungen zu machen. Siehe! Schauen Sie mal.

Baden-Baden, im Mai 2019

Thomas Weiß

Gottesdienste für die Adventszeit

Macht hoch! – Gottesdienst zum 1. Advent

Orgelvorspiel

Lied: Mit Ernst, o Menschenkinder … (EG 10,1+2)

Votum – **Amen**

(Begrüßung)

Der Gott, der sich aufmacht, der Gott auf dem Wege, unser Gott, der sei mit euch – **und mit deinem Geist**

Gott kommt … Psalmgebet im Wechsel, nach Psalm 24:

Mache dich auf und werde Licht,
mache dich auf und werde Licht,
mache dich auf und werde Licht,
denn dein Licht kommt! (EG 545)

Zu Gott gehört die Erde und was darinnen ist,
der Erdkreis und die darauf wohnen.
    Denn er hat ihn über den Meeren gegründet
    und über den Wassern bereitet.

Wer darf auf Gottes Berg gehen,
und wer darf stehen an seiner heiligen Stätte?
    Wer unschuldige Hände hat
    und reinen Herzens ist,
der wird Gottes Segen empfangen
und Gerechtigkeit von dem Gott seines Heils.

Mache dich auf und werde Licht …

Gott kommt, stark und mächtig.
Macht die Tore weit und die Türen in der Welt hoch,
    dass der König der Ehre einziehe!
    Wer ist der König der Ehre?
Es ist unser Gott, stark und mächtig, unser Gott, mächtig im Streit.
Macht die Tore weit und die Türen in der Welt hoch,
    dass der König der Ehre einziehe!
    Wer ist der König der Ehre?
Es ist der große Gott;
er ist der König der Ehre.

Mache dich auf und werde Licht …

Gott ist mein Licht und mein Heil!

Ehre sei dem Vater …

Bitte beten Sie mit mir:

Gott, komm, ich warte auf dich;
Gott, komm und zögere nicht.
Ich brauche dich, Gott,
damit es heller werde in einer dunklen Zeit.
Ich brauche dich, Gott,
damit es heller werde in meinem Herzen.

Gott, komm, ich warte auf dich,
Gott, komm, und zögere nicht.
Ich sehne mich nach deinem Wort, Gott,
das mich tröstet und das mir Mut macht.
Ich sehne mich nach deinem Wort, Gott,
das mich zurechtbringt und mir Wege weist.

Gott, komm, ich warte auf dich,
Gott, komm und zögere nicht.
Ich öffne mich für dich, Gott,
zieh ein in meine Tage.
Ich öffne mich für dich, Gott,
heile mich und schenk mir ein Lachen.

Du kommst, Gott, du lässt mich nicht warten.
Du kommst, Gott, meine Sehnsucht wird gestillt.

Kyrie (EG 178.11)

Gott hört uns und er schweigt nicht.
Und das ist es, was Gott uns zusagt:

Siehe, dein Gott kommt,
ein Gerechter und ein Helfer!

Ehre sei Gott in der Höhe – **und auf Erden Fried …**

Lied: Wie soll ich dich empfangen … (EG 11,1+2)

Bitte lassen Sie uns beten:

Unser Gott,
der du dich auf den Weg machst,
auf den steilen, schweren Weg zu uns,

Gott, der du deine Schritte setzt,
wo wir stolpern und straucheln,
Gott, der du mit uns gehst,
der du uns begleitest –
hilf uns, mutig auszuschreiten,
in der Gewissheit: Du bist an unserer Seite.
Das bitten wir dich durch Jesus Christus,
der unser Bruder geworden ist,
und der mit dir und dem Heiligen Geist
lebt und wirkt von Ewigkeit zu Ewigkeit.
Amen

Schriftlesung: Matthäus 21,1-9

Gott spricht: Siehe, ich komme und will bei dir wohnen.
Halleluja

Halleluja ...

Lied: Macht hoch die Tür ... (EG 1,1)

Macht hoch – Predigt zu „Macht hoch die Tür"

„Macht hoch die Tür, die Tor macht weit" – keine Angst, wir singen gleich weiter. Aber zuerst möchte ich etwas fragen, möchte ich etwas verstehen. Nicht nur: Warum soll ich die Tor hochmachen und die Türe weit, sondern auch: Für wen? Und wenn ich da dann schlauer bin, müsste ich nur noch wissen, wie das denn geht: Tore hoch und Türen weit?

Kommen Sie, helfen Sie mir: Singen wir noch mal die erste Strophe! Die erste Strophe des ersten Liedes im Gesangbuch – das muss ja schon was Bedeutendes sein, wenn die so am Anfang steht, finden Sie nicht auch?

Lied: Macht hoch die Tür ... (EG 1,1)

„Macht hoch die Tür, die Tor macht weit; es kommt der Herr der Herrlichkeit!" Aha, der kommt, der Herr der Herrlichkeit. Nun ja, ich kenne viele Herren und einige Herrinnen auch: in Washington und Moskau, in Berlin oder Paris. Herrinnen und Herren gibt es wohl, aber Herrlichkeit? Prunk gibt es und viel Tamtam, ein rechtes Gewese um Zaster und Macht und Glanz, aber herrlich find ich das nicht, manchmal – mit Verlaub – eher dämlich. Und mit Gottes Herrlichkeit scheint es doch auch nicht weit her zu sein. Klar, die wird gerne behauptet, in hohen Kathedralen auch staunenswert dargestellt, aber wo prangt und glitzert sie denn nun wirklich – in unserer Welt, meine ich, unserer verletzten Welt? Da geht es grell zu oder grau in grau, da raucht es schwarz über Trümmern, da sinkt ein bleicher Totennebel nieder und es ist bei Weitem nicht alles Gold, was zu glänzen sich bemüht.

Wo ist sie, Gottes Herrlichkeit?

Oder müsste ich fragen: Wie ist sie?

Bitte lassen Sie uns die zweite Strophe singen:

Lied: Macht hoch die Tür ... (EG 1,2)

Da sind zwei Worte in dieser zweiten Strophe, die die Perspektive auf das große Wort „Herrlichkeit" verändern mögen: „Sanftmütigkeit" ist das eine. „Sanftmütigkeit ist sein Gefährt." Ich bleibe im Bild: Gott fährt nicht mit breiten Staatskarossen vor, er wählt nicht den goldverzierten Vierspänner, er kommt nicht im Panzerwagen und nicht im Konvoi. Gott begibt sich zu uns auf die sanfte Tour. „Sanftmütigkeit" ist ein wunderbares Wort – Gottes Mut ist sanft. Nicht zornig, nicht überbordend von Gewalt und Macht, sondern leise, auf leisen Sohlen, wie ein Hauch, der nicht zerstört, aber streichelt und liebkost.

Ich habe mich im Verdacht: Ich sehe von Gottes Herrlichkeit so wenig, weil ich denke, die müsste überlebensgroß und knallbunt, laut und lärmend sein. Ich sehe sie nicht, weil ich große Augen mache statt das Kleine, Feine im Blick zu haben. Um Gottes Herrlichkeit zu sehen, muss ich nicht Horizonte ausspähen, sie liegt vor meinen Augen.

Das sagt auch das zweite, freundliche Wort: „Barmherzigkeit“. Vergessen Sie getrost all die alten Bilder von dem großväterlichen Gott, der sich gnädiglich herabneigt, der sich vom hohen Himmel herunterbeugt, um sich hier und da im Menschengetümmel freundlich zu betätigen. „Barmherzigkeit“ ist ein ganz radikales Wort – im ursprünglichen Sinne bedeutet es: das Herz arm machen. Gott macht sich arm, Gott entledigt sich gerade der Herrlichkeit, die ich großmannssüchtig an ihm vermute; er wird ein Mensch unter Menschen – in wenigen Tagen feiern wir das. Gott ist da, Gott ist hier, Gott lässt sich, was uns Not macht, etwas angehen, Gott macht sich verletzlich, wie wir verletzlich sind.

Ich verstehe: Der, für den ich Tür und Tor aufmachen soll, der ist schon längst da, der steht schon lange neben mir – ich hab's nur bisher nicht bemerkt.

Also gut – aber warum soll ich mich denn öffnen?

Bitte lassen Sie uns die dritte Strophe singen!

Lied: Macht hoch die Tür … (EG 1,3)

„O wohl dem Land, o wohl der Stadt … wohl allen Herzen insgemein.“

Darum also soll ich mich auftun: Weil's mir guttut! Stimmt das denn, geht es mir gut, wenn Gott bei mir einzieht? Manche und mancher hat da ja andere Erfahrungen. Bei manchem hat Gott sich eingenistet als die krächzende, nörgelige Stimme des schlechten Gewissens, die mir nur sagt, was ich nicht kann, wo ich fehlerhaft bin und warum ich eigentlich so recht gar nichts wert bin. Oder bei anderen ist er ein Drängler und Treiber, der meine guten Taten fordert, meinen unermüdlichen Einsatz für irgendeine gute Sache. Da ist Gott dann ein ungemütlicher Gast, einer, der mich atemlos macht und irgendwann krank.

Von dem ist im Adventslied aber nicht die Rede! Da stehen andere Worte: „Freudensonn'“, „Freud und Wonn“ bringt Gott, heißt es im

Lied. Das sollten wir gut hören und aufmerksam singen. Wenn wir merken, dass unser Gast uns die Brust eng macht, den Blutdruck hochtreibt und das Herz beschwert, dann ist es vielleicht doch nicht Gott, der in uns wohnt. Denn Gott will – „o wohl dem Land, o wohl der Stadt" – Gott will, dass es uns wohlergehe. Denn das weiß er – und wir wissen's ja auch – dass wir zum Guten nur fähig sind, wenn wir von Freud und Wonn gekostet haben. Wenn Gott in uns lacht, dann lernen wir das Lachen, das andere befreit; wenn Gott in uns still ist, dann werden wir still und aufmerksam für das, was unsere Nächsten beunruhigt. Wenn Gott einzieht und sich niederlässt, sich breit macht mit seiner ganzen Weite, dann werden wir frei und können uns recken und strecken.

Das ist doch eine Freude, das tut doch wohl!

Drum wirbt das Lied ja auch dafür, dass wir uns auftun.

Singen wir die vierte Strophe!

Lied: Macht hoch die Tür ... (EG 1,4)

„So kommt der König auch zu euch!", behauptet das Adventslied. Und wie? Ich frag noch mal: Wie geht Türe hoch und Tore weit? Das Liedlein sagt es mit ururalten Worten, aber wunderschön: „Die Zweiglein der Gottseligkeit steckt auf mit Andacht, Lust und Freud!" Landschaftsgärtner und Winzer kennen sie, die Kunst des Pfropfens, bei der – tatsächlich – ein Zweiglein aufgesteckt wird, bei der ein Zweig sich verbindet mit Ast und Stamm und Wurzel. Das meint diese Strophe wohl, dass wir uns verbinden mit dem Baum Gott, der uns Kraft und Saft zufließen lässt. Sich an Gott binden, sich einwurzeln bei Gott, das ist das Geheimnis.

Und ein Zweiglein werden am Gottesbaum, teilzunehmen und teilzuhaben an Gott, das geschieht durch „Andacht, Lust und Freud".

Durch „Andacht", durch Aufmerksamkeit also, durch eine Stille, die lauscht und die die Ohren auftut, die die Sinne schärft, damit ich etwas sehe, höre, merke von Gottes „Sanftmütigkeit". Und durch „Lust" – durch eine Lebenslust, die sich nicht abwendet von dem, was

Gott gibt und bereit hat, die auf das Glück aus ist, das Gott uns auf den Weg legt, und die sich sehnt nach seiner Nähe, seiner Gegenwart. Und durch „Freud“ – das ist eine Haltung, die etwas erwartet, die Gott etwas zutraut, die sich eben freut auf das, was er zusagt, was er verspricht. Versprochen hat er, uns nahe zu sein, uns zu bewahren, den Tod zu besiegen, das Grau und Grau der Tage in bunte Farben aufzulösen, damit unser Leben strahle und die Schöpfung eine helle Zukunft habe.

Da ich nun weiß, dass der Herrliche ein Sanftmütiger ist, ein leiser, liebender Gott, da ich nun weiß, dass mich aufzutun mir wohltut, da ich nun weiß, dass es mich nichts kostet außer Andacht, Lust und Freud – da ich das nun weiß, bleibt nur eines noch: Die Türe hoch, die Tore weit zu machen, mein Herz zu öffnen, die Sinne und die Seele – und Gott einzuladen.

Tun wir das. Bitte singen wir noch einmal Strophe 1, und dann die fünfte zum guten End!

Amen

Lied: Macht hoch die Tür ... (1,1.5)

Bitte lassen Sie uns beten miteinander:

Schau, Gott, wir tun uns auf,
damit du einziehst bei uns,
mit deiner Wärme und deinem Lachen,
mit deiner Sanftmut und deiner Güte.
Zieh ein und füll uns aus!
Wir vertrauen dir, Gott, und glauben:

Seht, die gute Zeit ist nah,
Gott kommt auf die Erde,
kommt und ist für alle da,
kommt, dass Friede werde,
kommt, dass Friede werde. (EG 18,1)

Schau, Gott, wir tun uns auf
und hoffen für deine Welt.
Wir hoffen, dass die Gewalt ein Ende findet,
dass sich Feinde die Hände reichen können,
dass die Wunden heilen.
Zieh ein in deine Welt, Gott,
und bewege die Herzen.
Wir vertrauen dir, Gott, und glauben:

Seht, die gute Zeit …

Schau, Gott, wir tun uns auf
und beklagen das Schicksal der Verängstigten,
der Kinder in den Flüchtlingslagern,
der Menschen auf der Flucht,
all derer, die hungern und dürsten,
die keiner Hoffnung mehr trauen.
Gott, sei an ihrer Seite
und bewahre sie.
Wir vertrauen dir, Gott, und glauben:

Seht, die gute Zeit …

Schau, Gott, wir tun uns auf
und sehen nach denen,
die die Schwermut verzweifeln lässt,
die Schmerz und Tod fürchten,
die sich keinen Rat mehr wissen.
Gott, tritt an ihre Seite
und nimm dich ihrer an.
Wir vertrauen dir, Gott, und glauben:

Seht, die gute Zeit …

Schau, Gott, wir tun uns auf,
weil wir gewiss sind:
Du ermutigst uns,
du machst Herzen und Hände frei,
damit wir füreinander da sind,
du öffnest uns die Augen,
damit wir einander sehen.
Du ziehst bei uns ein, Gott,
und führst uns zusammen.
Wir vertrauen dir, Gott, und glauben:

Seht, die gute Zeit ...

Schau, Gott, wir tun uns auf,
weil wir gewiss sind,
tun wir uns auf,
dann ziehst du bei uns ein.
In der Stille sagen wir dir,
was uns persönlich bewegt:
(Gebetsstille)

Für alle, die wir lieben
und die du uns anvertraut hast,
und für uns selbst
vertrauen wir dir, Gott, und glauben:

Seht, die gute Zeit ...

Vaterunser

Und der Friede Gottes,
der höher ist als unser Glauben und Verstehen,
unser Fühlen und Denken,
der Frieden Gottes bewahre
eure Herzen und Sinne in Christus Jesus.
Amen

Lied: Die Nacht ist vorgedrungen … (EG 16,1.4)

Segen:
Im Lichte Gottes stehst du warm,
im Lichte Gottes atmest du frei,
im Lichte Gottes blühst du auf.
So segnet und behütet dich Gott, der Liebevolle und Lebendige,
der Vater, der Sohn und der Heilige Geist.

Amen, Amen, Amen

Orgelnachspiel

Mit Ernst! – Gottesdienst zum 2. Advent

Orgelvorspiel

Votum – **Amen**

(Begrüßung)

Lied: Es kommt ein Schiff geladen … (EG 8,1-3)

Der Gott, auf den Verlass ist, der Gott, der uns nicht alleine lässt, unser Gott, der sei mit euch – **und mit deinem Geist**

Seht auf! Gebet im Wechsel:

Seht auf und erhebt eure Häupter,
weil sich eure Erlösung naht,
weil sich eure Erlösung naht. (EG 21)

Mein Gott, das tue ich:
Ich hebe meinen Blick,
ich schaue um mich her,
ich suche und spähe:
Aber ich sehe nichts von dir.
Wo bist du, Gott,
wo bekomme ich dich zu sehen?

Gott, tröste uns wieder;
lass uns dein Antlitz leuchten,
dann werden wir gesund! (Psalm 80,1)

Seht auf und erhebt eure Häupter ...

Mein Gott, das tue ich:
Hoffnungsvoll sehe ich dir entgegen,
voller Sehnsucht warte ich auf dich.
Du wirst nicht ausbleiben,
du lässt mich nicht im Stich,
weil du weißt, wie sehr ich dich brauche.

Gott, tröste uns wieder;
lass uns dein Antlitz leuchten,
dann werden wir gesund!

Seht auf und erhebt eure Häupter ...

Mein Gott, das tue ich:
Ich schaue mich um und sehe,
wie viele Menschen leiden,
wie elend es um deine Welt bestellt ist,
wie die Zukunft verspielt wird.
Aber das letzte Wort ist noch nicht gesprochen,
du lässt deine Schöpfung nicht vergehen!

Gott, tröste uns wieder;
lass uns dein Antlitz leuchten,
dann werden wir gesund!

Seht auf und erhebt eure Häupter ...

Mein Gott, das tue ich:
Ich öffne die Augen und sehe,
wie viele Menschen mutig sind,
sich einsetzen für deine Welt,
für ihre Nächsten.
Du gibst ihnen Geduld und Beharrlichkeit,
und sie freuen sich deiner Nähe.

Gott, tröste uns wieder;
lass uns dein Antlitz leuchten,
dann werden wir gesund.

Seht auf und erhebt eure Häupter ...

Der schöne Glanz Gottes bricht an –
unser Gott kommt und schweigt nicht!

Ehre sei dem Vater ...

Bitte beten Sie mit mir:

Manchmal, mein Gott, ist es ganz schön anstrengend,
den Blick zu heben,
mich umzuschauen und zu sehen,
wo du da bist, wo du wirkst.
Das ist so,
weil mein Rücken gebeugt ist,
weil mein Nacken steif geworden ist
und die Schultern herabhängen
vom vielen Suchen und Tragen.
Gott, bitte hilf mir,
mich aufzurichten,
damit ich mein Haupt erheben kann,
damit ich aufrecht stehen und gehen kann,

voller Mut und Lebenslust.
Das bitte ich dich, mein Gott:
Richte mich auf!

Kyrie (EG 178.11)

Wer ist schon wie unser Gott,
der den Geringen aufrichtet aus dem Staube,
den Armen erhöht aus dem Schmutz!

Ehre sei Gott in der Höhe – **und auf Erden Fried ...**

Lied: Er ist die rechte Freudensonn ... (EG 2,1-3)

Schriftlesung: Lukas 21,25-33

Gottes Wort ist wahrhaftig,
und was er zusagt, das hält er gewiss.
Halleluja

Halleluja

Lied: Mit Ernst o Menschenkinder ... (EG 10,1)

Mit Ernst – Predigt zum Lied „Mit Ernst, o Menschenkinder" (EG 10)

„Mit Ernst, o Menschenkinder!" – Da gibt es nichts zu lachen! Seltsam eigentlich: Es ist Adventszeit – und es gibt nichts zu lachen. Auf den Weihnachtsmärkten duften Bratwurst und gebrannte Mandeln, im Fernsehen laufen die Weihnachtskomödien und rührselige Shows beschwören lächelnd die Weihnachtsromantik, überall glitzern Lichter, Kerzen, Sterne und Sternchen, allüberall in den Festspielhäusern werden Weihnachtskonzerte mit viel Halleluja gespielt – aber es gibt nichts zu lachen. Mit Ernst, o Menschenkinder! Valentin Thilo aus

Königsberg, der das Lied vor bald 380 Jahren schrieb, ist eine rechte Spaßbremse, ein singender, klingender Spielverderber.

Das ist die Adventszeit freilich auch: ernst. Tut mir leid – ist eben so! Und nicht, weil der Advent bei Weitem nicht nur im Pfarrbüro eine besonders arbeitsreiche Zeit ist, nicht nur, weil wir bei so viel Festlichkeit, Vereinsfeiern und der Suche nach Geschenken regelmäßig in Stress und unter Druck geraten, sondern vielmehr, weil die Adventszeit genau das will: uns den Spaß verderben! Adventszeit ist – in der kirchlichen Tradition – Fastenzeit. Auf Weihnachtsmärkten und beim kulinarischen Angebot beim Metzger und in Supermärkten werden Sie das nicht merken, aber von alters her stimmt das: Advent ist Fastenzeit, Zeit der Besinnung, der Einkehr, Zeit für ernste Gedanken.

In Ordnung, wenn wir uns darauf mal einlassen? Ein paar Strophen lang wenigstens?

Bitte lassen Sie uns die Strophen 1 und 2 des Liedes singen:

Mit Ernst, o Menschenkinder ... (EG 10,1-2)

„Mit Ernst" – da gibt es nichts zu lachen. Um ehrlich zu sein: Ich bin ganz froh drum. Der Advent ist nicht einfach nur Vorbereitung auf die Weihnacht, ist nicht einfach nur Vorfreude und Einstimmung. Der Advent ist eine ganz eigene Zeit – Besinnung vor dem Fest, nicht auf das Fest. Indem ich das sage, bin ich recht unmodern, denn landauf, landab sind die vier Adventswochen angefüllt mit Weihnachtsduft und Weihnachtsklang, als müsste die Heilige Nacht nach vorne gedehnt werden, als strahle der Stern von Bethlehem schon Ende November übers nächtliche Himmelszelt. Selbst Liturgiker machen sich neuerdings Gedanken, ob wir vor dem Weihnachtsgetümmel nicht endlich kapitulieren sollten und an den Adventssonntagen die Weihnacht vorfeiern. Nee, da bin ich, was ich sonst eher nicht bin, konservativ! Ich will den Advent – meinen Advent zumindest – ab und zu auch spaßfrei, nicht lächerlich und ohne Geglitzer und Geklimpere!

Advent ist Fastenzeit. Darum bin ich froh, denn der Advent weiß – und sagt damit, dass Gott es weiß –, dass es bei uns durchaus ernst zugehen kann. Ernst geht es zu bei den Menschenkindern. Bitterernst dort, wo Krieg und Gewalt herrschen; bitterernst dort, wo Menschen sich fürchten, den Mut verloren haben; bitterernst, wo Menschen misshandelt und geschnitten werden; bitterernst, wo einer alleine bleibt, wo eine verzagt. Bitter-bitterernst!

Und wir wissen gut, dass der Ernst, der Schmerz, die Not vor der Advents- und Weihnachtszeit nicht haltmachen. Auch in der Heiligen Nacht werden Bomben fallen und Menschen getötet werden, wird ein Nachbar weinen und ein Kind geschlagen werden. Das werden wir nicht fortreden und -singen können. 'S ist Ernst, o Menschenkinder!

Ich bin froh, dass die Advents-Fastenzeit darum weiß. So realistisch, so menschlich ist sie – und sie hat freilich eine Hoffnung für uns!

Bitte lassen Sie uns noch einmal die erste Strophe singen.

Mit Ernst, o Menschenkinder ... (EG 10,1)

Es ist Ernst – aber es ist Hoffnung! „... bald wird das Heil der Sünder ... bei allen kehren ein." Bei diesem schwierigen Wort „Sünder" geht es, liebe Gemeinde, biblisch verstanden nicht um unsere moralische Verfehlung, um die Verwerflichkeit unseres Denkens und Handelns. Wenn Paulus behauptet, dass wir „allzumal Sünder" seien, dann geht das viel tiefer, dann spricht er eine der Grundbedingungen unserer menschlichen Existenz an. Immer sind wir zerrissen zwischen Böse und Gut, wir können uns von dem, was unser Leben so ernsthaft bedroht, was es so ernsthaft verletzt und woran wir so ernsthaft scheitern, wir können uns davon nicht selbst befreien. Wir sind dem Tod verfallen, wir verstehen die Welt nicht, wir gehen fehl, wir scheitern. Das meint Paulus, wenn er von Sündern spricht, und Valentin Thilo im Lied spricht es ihm nach. Das ist der Ernst unserer Menschenkinderexistenz.

Aber der Ernst ist nicht alles, was es über uns zu sagen gibt: „... bald wird das Heil der Sünder ... bei allen kehren ein." Da ist Hoffnung, da ist eine weite Perspektive: Gott lässt uns mit unseren Schatten, mit all dem Ernst nicht allein! Nein, er kehrt bei uns ein – er nimmt Wohnung, er wird Dauergast, er lässt sich häuslich nieder in unserer Menschlichkeit, in der ernsthaft bedrohten Welt. Und wenn Gott da ist – oder besser: weil Gott da ist, denn wir haben sein Wort darauf! – weil Gott da ist, bleibt nichts, wie es war. Diese Welt und jede und jeder von uns, die ganze Schöpfung und all die Menschenkinder: Wir haben eine Perspektive!

Ganz im Ernst, das ist so, Gott hat es versprochen, wir müssen es nur gelten lassen!

Und das geht so:

Bitte singen Sie mit mir die Strophen zwei und vier!

Mit Ernst, o Menschenkinder ... (EG 10,2.4)

Die Verben, die Tun-Wörter, weisen den Weg:
„... das Herz in euch bestellt", heißt es in der ersten Strophe; „Bereitet doch fein tüchtig ..." in der zweiten. Bestellt wird ein Feld, ein Acker – ich habe eine Bäuerin, einen Landmann vor Augen, die den Boden bereit machen für die Aussaat, die die Krume aufbrechen mit Hacke und Pflug, damit eingebracht werden kann, was wachsen soll und Frucht bringen wird. Ein altes Bild, zu Valentin Thilos Zeiten ein alltägliches. Es geht darum, dass wir uns auftun, dass wir Gott mit seiner weiten Perspektive Raum geben, dass wir ihn einziehen lassen und das annehmen, was er mitbringt. Und das ist eine ernsthafte Angelegenheit, das ist kein kleines Ding: die „Steige richtig" machen, das Tal „erhöhen" und „was hoch stehet" niedrig machen, das ist kein einfaches Geschäft. Wer Gott einlässt, der läuft Gefahr, verändert zu werden. Der wird zu Fastenzeiten ernsthafter, der verschließt nicht weihnachtsselig und rauschgoldberauscht die Augen vor den Wirklichkeiten, der sieht, was ihm fehlt und wo er fehlt und dass diese Welt eine Hoffnung braucht und Frieden und Brot.

Aber: Wer Gott Raum gibt, der hat sie auch, diese Hoffnung, weil er gewiss ist: Auf Gott kann ich mich, auf Gott kann sich diese Welt verlassen.

Gott hat sein Wort gegeben, Gott ist das sehr ernst: Gott zieht ein „vom Stall und von der Krippen“ – „so werden Herz und Lippen dir allzeit dankbar sein“!

Ach ja – und dann gibt es doch etwas zu lachen. Er ist ja da, er ist ja schon längst da! Im Stall und in der Krippe, bei uns, in uns, mitten unter uns – ganz ernsthaft, ganz trostreich, ganz beglückend!
Amen

Lied: Nun jauchzet, all ihr Frommen ... (EG 9,1.5.6)

Bitte lassen Sie uns beten miteinander:

Gott, du nimmst das ernst,
was uns belastet und bedrängt,
was uns den Atem nimmt
und uns müde macht.
Du hältst dich nicht raus,
du wendest dich nicht ab.
Darum leben wir getrost,
denn wir sind gewiss:

Gottes Liebe ist wie die Sonne,
sie ist immer und überall da.
(BEL 645, HN 620, NB 611, Kehrvers)

Gott, du nimmst das ernst,
dass Menschen Gewalt leiden,
dass sie missachtet werden,
dass mit Menschen umgegangen wird,
als seien sie nur Figuren in einem schäbigen Spiel.
Du bist bei ihnen,
du sprichst ihnen Wert und Würde zu.
Darum hoffen wir auf Gerechtigkeit,
denn wir sind gewiss:

Gottes Liebe ist wie die Sonne …

Gott, du nimmst das ernst,
dass Menschenkinder verzweifeln,
deren Seele krank ist,
die zum Leben kein Vertrauen haben,
die sich selbst nicht lieben können.
Du umfängst sie mit deiner Liebe,
du lädst sie ein,
sich von dir tragen zu lassen.
Darum hoffen wir auf Heilung,
denn wir sind gewiss:

Gottes Liebe ist wie die Sonne …

Gott, du nimmst das ernst,
dass der Tod uns infrage stellt
und dass wir verletzt sind und trauern,
wenn wir von einem Abschied nehmen müssen,
der uns vertraut ist.
Du nimmst unsere Verstorbenen in deine Arme,
trägst durch den Tod
und schenkst neues Leben ohne Schmerz und Verlust.
Du stehst den Trauernden zu Seite.
Darum hoffen wir auf deinen guten Trost,
denn wir sind gewiss:

Gottes Liebe ist wie die Sonne …

Gott, du nimmst das ernst,
was uns umtreibt,
was uns schlaflose Nächte bereitet
oder herrliche, glückliche Tage.
In der Stille sagen wir dir,

was uns belastet und beglückt,
was uns ganz persönlich bewegt:
(Gebetsstille)

Mit allen, die wir lieben
und die du uns anvertraut hast,
und für uns selbst
hoffen wir getrost,
denn wir sind gewiss:

Gottes Liebe ist wie die Sonne ...

Vaterunser

Und der Frieden Gottes,
der höher ist als unser Ahnen und Suchen,
unser Wollen und Verstehen,
der bewahre eure Herzen und Sinne
in Christus Jesus.
Amen

Lied: Tochter Zion ... (EG 13,1-2)

Segen:
Er ist die rechte Freudensonn,
bringt mit sich lauter Freud und Wonn.
All unsre Not zu End er bringt,
derhalben jauchzt, mit Freuden singt.

So segnet und behütet dich Gott,
der Liebevolle und Lebendige,
der Vater, der Sohn und der Heilige Geist.

Amen, Amen, Amen

Orgelnachspiel

Seelen Zier –
Abendgottesdienst zum 3. Advent

Orgelvorspiel

Votum – **Amen**

(Begrüßung)

Lied: Tochter Zion … (EG 13,1-3)

Der Gott, der die Ohren auftut für uns, der Gott, der uns hört, unser Gott, der sei mit euch – **und mit deinem Geist**

Gott, höre! Gebet im Wechsel, nach Psalm 102:

Gott, höre mein Gebet
und lass mein Schreien zu dir kommen!
Verbirg dein Antlitz nicht vor mir in der Not,
neige deine Ohren zu mir;
wenn ich dich anrufe,
so erhöre mich bald!

Herr, bleibe bei uns,
denn es will Abend werden
und der Tag hat sich geneiget. (EG 483)

Denn meine Tage sind vergangen wie ein Rauch
und meine Gebeine sind verbrannt wie von Feuer.
    Ich bin wie die Eule in der Einöde,
    wie das Käuzchen in den Trümmern.
Ich wache und klage
wie ein einsamer Vogel auf dem Dache.
    Meine Tage sind dahin wie ein Schatten,
    und ich verdorre wie Gras.

Herr, bleibe bei uns ...

Du aber, Gott, bleibst ewiglich
und dein Name für und für.
    Du wollest dich aufmachen und dich erbarmen;
    denn es ist Zeit, dass du gnädig seist.
Gott sieht Himmel und Erde,
dass er das Seufzen der Gefangenen höre
    und losmache die Kinder des Todes,
    dass sie den Namen des Herrn verkünden
    und sein Lob in aller Welt.

Herr, bleibe bei uns ...

Sieh doch, ich komme
und ich will bei dir wohnen!

Ehre sei dem Vater ...

Bitte beten Sie mit mir:

Am Abend dieses Tages komme ich zu dir, Gott,
schon etwas müde vom Lastentragen, vom Sorgenmachen,
etwas müde von der Furcht und der Mühe um eine zaghafte Hoffnung.

Aber ich komme zu dir, Gott,
weil ich immer noch etwas erwarte von dir,
weil ich ohne dich nicht sein kann,
nicht sein kann und nicht sein will.
Ich brauche dich, Gott,
als das Feuer, an dem ich mich wärme,
als die Kerze, die den Raum erhellt,
als den Stern,
der mich durch die Nacht geleitet.
Ich brauche dich –
und du weist mich nicht ab.
Wenn ich ganz still bin, Gott,
spüre ich, wie du atmest neben mir.

Lied: Dank sei Gott durch alle Welt … (EG 12,1.2.4)

Gott hört uns und Gott ist uns nahe:
Das ist es, was er uns zusagt:

Seht doch, ich bin bei euch alle Tage,
bis an die Grenzen der Welt.

Ehre sei Gott in der Höhe – **und auf Erden Fried …**

Lied: Mit Ernst, o Menschenkinder … (EG 10,1.2.4)

Schriftlesung: Lukas 1,26-33

Meine Seele erhebt den Herrn,
und mein Geist freut sich Gottes, meines Heilandes,
denn er hat große Dinge an mir getan.
Halleluja

Halleluja

Lied: Wie soll ich dich empfangen ... (EG 11,1)

Seelen Zier – Predigt zu „Wie soll ich dich empfangen ...“ (EG 11)

Es ist ein Geheimnis, liebe Gemeinde, ein ganz wunderbares Geheimnis ums Fragenstellen. Ganz wunderbar ist, dass, wer eine Frage stellt, von der Antwort schon etwas ahnt. Wer fragt: „Wohin wird mein Weg mich wohl führen?“, der weiß schon, dass er auf dem Weg ist und Schritte setzen kann; und wer klagt: „Wo bleibst du, Gott?“, der weiß doch schon, dass da ein Gott ist, ein ansprechbarer, einer, der auf Klagen hört.

So ist es auch mit der Frage des Adventsliedes von Paul Gerhardt, die wir eben gesungen haben: „Wie soll ich dich empfangen und wie begegn ich dir, o aller Welt Verlangen, o meiner Seelen Zier?“ Ich höre zuerst auf das, was in dieser Frage gar nicht fraglich ist!

Dass alle Welt nach diesem „O Jesu, Jesu“ verlangt, ist für Paul Gerhardt keine Frage. Das tut sie. Und dass er „meiner Seelen Zier“ ist, bedarf auch keiner Erläuterung. Das ist er.

Das will ich mir gesagt sein lassen! Bevor das Fragezeichen etwas in Zweifel zieht, bevor es mich in Verlegenheit bringt, davor setzt Paul Gerhardt Ausrufezeichen! Alle Welt verlangt nach ihm und er ist meiner Seele Zier. Das ist so.

Was ganz gewiss stimmt, ist, dass die Welt nach einem verlangt, der sie befriedet, der sie befreit von Gewalt und Unheil, der sie im Großen und im Kleinen zurechtbringt und heilt, der Versöhnung stiftet und eine Achtung sät, die es Menschen und Völkern möglich macht, einander anzusehen ohne Arg und ohne Angst. Den braucht die Welt, meine, deine, Ihre Welt und die ganze große Welt braucht den – und das Adventslied behauptet: „Schaut, da ist er!“

Die Welt wartet – und ich warte auch, jede und jeder von uns, glaube ich, wartet auf der „Seelen Zier“. Meine Seele jedenfalls ist alles andere als eine Zierde: Sie ist ängstlich, sie fürchtet ihre Schatten, sie grämt sich, schämt sich und manchmal krümmt sie sich vor Schmerz.

Sie ist verletzt und sehnt sich danach, angenommen, geliebt zu sein, geheilt zu werden und sich recken und strecken zu können.

Bitte lassen Sie uns die 4. Strophe des Adventsliedes singen:

Wie soll ich dich empfangen … (EG 11,4)

Genauso kann es ihr ergehen und ergeht es ihr viel zu oft: Sie liegt „in schweren Banden“, sie atmet nicht frei, sie steht in Spott und Schanden – sie wird zuschanden gemacht von meiner Furcht und spottet ihrer Möglichkeiten. Meine Seele ist denkbar ohne Zierat! Aber, meint Paul Gerhardt, aber: Der „Seelen Zier“ ist da, das ist so. Die Seele kann aufatmen, schon heilt sie leise, sie legt die Furcht ab und entfaltet ihre ganze Schönheit, ihre Anmut. „Ich lag in schweren Banden“, heißt es – ja, „ich lag“, aber nun liege ich nicht mehr, nun strecke ich mich und richte ich mich auf, nun gehe ich meinen aufrechten Gang; „Ich stand in Spott und Schanden“, heißt es – ja, „ich stand“, aber nun stehe ich nicht mehr, nun setze ich meine Schritte und spotte der Mutlosigkeit, nun werde ich beachtet und achte ich mich selbst.

So ist das, behauptet das Lied – kräftig und mit allem Nachdruck!

Das klingt in der 3. Strophe an. Bitte lassen Sie uns die singen!

Wie soll ich dich empfangen … (EG 11,3)

Hier lässt uns das Lied singen, warum es so zuversichtlich ist: „Was hast du unterlassen zu meinem Trost und Freud?“ Ja klar: Nichts, nichts hat er unterlassen! Das ist eine rhetorische Frage, da liegt die Antwort auf der Hand – Gott hat nichts und gar nichts unterlassen, damit wir getrost leben können, damit wir uns des Lebens freuen können, lebensmutig, lebenslustig, lebensfroh. Nichts, Gott lässt es an nichts, null Komma nichts, fehlen.

„Als mir das Reich genommen, da Fried und Freude lacht, das bist du, mein Heil kommen, und hast mich froh gemacht.“ So einfach die

Melodie ist, so einfach der Rhythmus der Worte, so einfach ist das ganze Ding: Ich hab nichts zu lachen, meine Seele ist traurig, düster, friedlos – da kommt Gott, da kommt er, als wär's die einfachste Sache der Welt, da kommt er und tröstet mich, da erhellt er mir die Seele, senkt er mir Stille ins Herz.

Ich höre das unglaublich gerne, was Paul Gerhardt so ohne Zaudern, ohne Zweifel dichtet. Ach, wenn es doch nur so einfach wäre!

Dazu sagt die 5. Strophe etwas. Bitte lassen Sie uns die singen:

Wie soll ich dich empfangen … (EG 11,5)

Hier höre ich: Das Lied behauptet seine Zuversicht nicht unbedarft und ins Blaue hinein! Es weiß etwas von der Welt „in ihren tausend Plagen", zu Paul Gerhardts Zeit, den Jahrzehnten des Dreißigjährigen Krieges, waren die nicht kleiner als heute. Der Gott, der da ist, sieht nicht über all den Gram, den Schmerz, über Angst und Not hinweg. Der Gott, der da ist, ist mit seiner Liebe da. „Nichts, nichts hat dich getrieben, zu mir vom Himmelszelt, als das geliebte Lieben, damit du alle Welt … so fest umfangen hast!" „So fest" – ein ganz bezauberndes Bild ist das. Da halten sich Liebende fest umschlungen, da nimmt eine Mutter das Kind tröstend in den Arm, der Freund umfängt einen anderen und hilft ihm weinen. Wer einen Menschen umfängt, der riecht seinen Duft, der spürt seinen Atem, der wird von seinen Tränen nass und fühlt seinen Herzschlag, seine Kraft und seine Schwäche. So, auf diese Weise ist Gott uns nahe, als der Liebende, der uns herzt, der uns umarmt, der unsere Tränen nicht scheut. An Jesus ist das abzulesen.

Das ist es, und das allein, was Paul Gerhardt diese überbordende, getroste Zuversicht gibt: Gottes Lieben. Und da „alle Welt" darin eingeschlossen ist, sind wir es auch. Auch wir sind umfangen von Gott!

Wir können getrost, wirklich: Wir können getrost sein!

Strophe 6 und 7 fordern uns auf dazu! Die singen wir bitte jetzt.

Wie soll ich dich empfangen ... (EG 11,6-7)

Ich will mir das ins Herz scheiben und hinter die Ohren: „Sei unverzagt“, denn Gott ist „allhier“ – hier ist er, mitten unter uns, hier und jetzt und immer, wenn jetzt ist, allezeit und für alle Zeit, heute um halb sieben, in einer halben Stunde auch noch, morgen, übermorgen. Er ist da, der Liebevolle, der Zarte, der Aufmerksame. Darum will ich mich nicht „sorgen Tag und Nacht“ – er ist ja „voller Lieb und Lust, all Angst und Not zu stillen“.

Das sind nicht nur Worte, liebe Gemeinde, nicht nur Sang und Klang und Schall und Rauch. Das Adventslied von Paul Gerhardt gründet auf der Gewissheit eines, der Erfahrungen mit diesem gegenwärtigen, liebevollen Gott gemacht hat. Erfahrungen, die uns nicht verschlossen sind. Der Gott hier und heute, mitten unter uns, der ist ja kein anderer als der, der in Jesus lächelte, der Menschen umarmte und Lahme, Blinde, Verzweifelte heilte, der Paul Gerhardt seine Zuversicht gab. Es ist kein anderer.

Und nun, wie soll ich ihn empfangen, damit ich getrost sei, damit ich lachen kann, lebensfroh?

Ebenso, wie ich meine Geliebte empfange, meinen Freund, mein Kind – mit offenen Armen, vorfreudig, gewiss, dass der und die mir zugute kommt und wir zusammengehören. Jemanden so zu empfangen, das ist ein Fest, ist beglückend, ist einer „Seelen Zier“.

„Wie soll ich dich empfangen?“ Das Adventslied macht Vorschläge: „Ich will dir in Psalmen ermuntern meinen Sinn. Meine Herze soll dir grünen ... so gut es kann und weiß.“ Hören Sie, wie achtsam Gott mit uns umgeht? Er fordert keine Glaubenshöchstleistungen, keinen Demutsspitzensport. Er ist schon da, darum muss ich mich nur auftun, darum empfange ich ihn, so gut ich eben kann und weiß. Er setzt mir schon „die Fackel bei“ – ich hebe einfach meinen Blick.

Amen

Lied: Es kommt ein Schiff geladen ... (EG 8,1-4)

Bitte lassen Sie uns beten miteinander:

Für unsere Seelen bitten wir,
die sich sehnen nach deiner Wärme,
die still werden möchten
in deiner Gegenwart.
Wir vertrauen dir, Gott:

Harre, meine Seele ...
(BEL 640, BT 596, HN 611 – bis 2. Pausenzeichen)

Für all die Seelen bitten wir,
die die Angst umtreibt,
weil sie verletzt worden sind,
weil keiner auf sie Rücksicht nahm.
Wir vertrauen dir, Gott:

Harre, meine Seele ...

Für all die Seelen bitten wir,
die sich verloren haben,
die sich nicht mehr fühlen,
die nicht wagen, sich aufzutun.
Wir vertrauen dir, Gott:

Harre, meine Seele ...

Für all die Seelen bitten wir,
die sich in sich selbst verschließen,
die nur sich selbst im Sinn haben,
die nicht wissen, was ihnen fehlt,
wenn sie nicht lieben.
Wir vertrauen dir, Gott:

Harre, meine Seele ...

Für all die Seelen bitten wir,
die taub geworden sind für dein Werben,
die sich abwenden,
weil sich nicht mehr hoffen.
Wir vertrauen dir, Gott:

Harre, meine Seele ...

Für all die Seelen bitten wir,
die glänzen von deiner Gegenwart,
die offen sind und herzlich lieben,
die dir Raum geben.
Wir vertrauen dir, Gott:

Harre, meine Seele ...

Für unsere Seelen bitten wir,
und in der Stille sagen wir dir,
was sie belastet, beglückt und bewegt:
(Gebetsstille)

Mit allen, die wir lieben
und die zu uns gehören,
und für uns selbst vertrauen wir dir, Gott:

Harre, meine Seele ...

Vaterunser

Und der Friede Gottes,
der höher ist als unser Wollen und Vollbringen,
unser Können und Begreifen,

der bewahre eure Herzen und Sinne
in Christus Jesus.
Amen

Lied: Macht hoch die Tür ... (EG 1,1.3)

Segen:
In seinen Armen trägt er dich,
mit seinem Licht erhellt er dich,
an seinem Herzen birgt er dich.

So segnet und behütet dich Gott,
der Liebevolle und Lebendige,
der Vater, der Sohn und der Heilige Geist.

Amen, Amen, Amen

Orgelnachspiel

„Werde licht" – Gottesdienst zum 4. Advent

Orgelvorspiel

Lied: Wir sagen euch an … (EG 17,1-4)

Votum – **Amen**

(Begrüßung)

Der helle Gott, der das Licht schuf und unsere Dunkelheiten vertreibt, unser Gott, der sei mit euch – **und mit deinem Geist**

Gebet im Wechsel:

Erhöre mich, wenn ich rufe, Gott meiner Gerechtigkeit,
der du mich tröstest in Angst.
Sei mir gnädig und erhöre mein Gebet!
Viele sagen: Wer wird uns Gutes sehen lassen?
Gott, lass leuchten über uns das Licht deines Antlitzes!

> *Gemeinde (gesprochen):*
> Wo bleibst du, Trost der ganzen Welt?
> Herberg ist dir schon längst bestellt.

Verlangend sieht ein jedes dich,
und öffnet deinem Segen sich.
(Novalis)[1]

Ich sehne mich nach dir, mein Gott,
nach ein wenig Licht in der grauen Zeit,
nach einer Kerze im Dunkel,
nach etwas Wärme in der kalten Nacht.
Schau doch nach mir, mein Gott,
dass ich nicht frieren, nicht zittern muss.

Gemeinde (gesungen):
Wir warten dein, o Gottes Sohn,
und lieben dein Erscheinen.
Wir wissen dich auf deinem Thron
und nennen uns die Deinen.
Wer an dich glaubt,
erhebt sein Haupt
und siehet dir entgegen;
du kommst uns ja zum Segen. (EG 152,1)

Gott ist mein Licht und mein Heil,
vor wem sollte ich mich fürchten?
Gott ist meines Lebens Kraft,
vor wem sollte mir grauen?

Gemeinde (gesprochen):
Wo bleibst du, Trost der ganzen Welt?
Herberg ist dir schon längst bestellt.
Verlangend sieht ein jedes dich,
und öffnet deinem Segen sich.

---

1 Textauszug aus: Novalis Werke, hg. und kommentiert von Gerhard Schulz, 4. Aufl., C.H. Beck, München 2001, S. 68.

Mir sollte nicht grauen, mein Gott,
fürchten sollte ich mich nicht –
doch, Gott, mein Gott, ich fürchte mich in dieser grauen Zeit.
Die Wolken hängen tief, Sorgen bedrängen mich,
die Nacht bricht herein, ich habe keinen Mut.
Gehe auf über mir, mein Gott,
sei mein Licht!

Gemeinde (gesungen):
Wir warten dein, o Gottessohn …

Das Volk, das im Finstern wandelt,
sieht ein großes Licht,
und über denen, die da wohnen im finstern Lande,
scheint es hell.
Du weckst lauten Jubel, du machst groß die Freude.

Gemeinde (gesprochen):
Wo bleibst du, Trost der ganzen Welt?
Herberg ist dir schon längst bestellt.
Verlangend sieht ein jedes dich,
und öffnet deinem Segen sich.

Ich will jubeln, ich will mich freuen,
dass du kommst, uns zugute,
dass du unser Bruder wirst, du menschlicher Gott.
Ich will jubeln –
und der Jubel bleibt mir im Halse stecken,
die Freude vergeht mir,
weil so viel Leid ist, so viel Klage in der Welt.
Verwandle den Schmerz, Gott,
tröste uns.

Gemeinde (gesungen):
Wir warten dein, o Gottessohn ...

Wo bleibst du, Trost der ganzen Welt?
Wir bitten dich, Gott: Erbarme dich!

Kyrie (EG 178.6)

Gott hört uns – und er lässt sich hören, und das ist es, was Gott uns zusagt:

Gott spricht: Ich will die Finsternis vor euch her zum Licht machen und das Höckerige zur Ebene.Das will ich tun und nicht davon lassen!
Amen

Lied: Tochter Zion ... (EG 13,1-2)

Bitte lassen Sie uns beten:

Gott, der du in unsere Welt hineinrufst,
damit wir von deiner Liebe hören,
der du um uns wirbst,
weil du in unserer Nähe sein willst,
der du nicht schweigst,
damit wir unsere Wege finden;
Gott, öffne unsere Herzen und unsere Ohren.
Das bitten wir dich durch Jesus Christus,
der unser Bruder geworden ist,
und der mit dir und dem Heiligen Geist
lebt und wirkt von Ewigkeit zu Ewigkeit.
Amen

Lesung: Johannes 1,19-23

Wie lieblich sind auf den Bergen die Füße der Freudenboten,
die da Frieden verkündigen, Gutes predigen, Heil ansagen.
Halleluja

Halleluja ...

Lied: Gott sei Dank durch alle Welt ... (EG 12,1.2.4)

Aufmachen: Licht! – Predigt zu Jesaja 60,1-6

Dein Wort, mein Gott, ist meines Fußes Leuchte, und ein Licht auf meinem Weg. Amen

Wir hören auf Gottes Wort aus dem Buch des Propheten Jesaja, im 60. Kapitel, die Verse 1-6. (Textlesung)

Poesie, liebe, lichte Gemeinde, Poesie ist, was offene Weite schafft. Poesie, Lieder, Gedichte, Erzählungen – die machen Wege auf, stellen Bilder zur Verfügung, Bilder, die nicht zuschließen, nicht eingrenzen, die vielmehr aufbrechen, die Fantasie und Träume und Visionen ermöglichen. Poesie stellt mich auf weiten Raum und lädt mich ein, vom Duft der Worte, vom Geschmack der Bilder zu kosten und hier und da ein Schrittchen zu wagen, um Neues zu entdecken, um mich überraschen zu lassen.

Ich sage das, weil die Bibel ein so poetisches Buch ist, weil Jesaja fast noch mehr Poet als Prophet ist – oder vielleicht gehören sie ja auch zusammen, die Dichtkunst und die Klarsicht –, und weil kaum einer in der langen Geschichte der Bibelübersetzungen so einfühlsam poetisch, so eindrücklich kunstvoll und so dicht übersetzt hat, wie Martin Luther es tat. Lese ich solche Zeilen wie heute, dann weiß ich, warum ich Luthers Sprache liebe.

Und daran will ich heute einfach mal bleiben, an Luthers Sprache und an ihrer Poesie, ganz abgesehen von dem, was andere Übersetzungen, was die Legion an gelungenen und missratenen Übertragungen sonst noch zu bieten hat und abgesehen sogar von der hebräischen Urfassung, die natürlich eine Dichtung für sich ist. Ich bleibe an Luthers Worten, das sei einem Sprachverliebten für heute einmal erlaubt.

„Mache dich auf und werde licht; denn dein Licht kommt!“ Das ist der Satz, der's mir angetan hat. Lassen Sie uns den noch mal singen, zu Verinnerlichung!

Mache dich auf und werde licht ... (BEL 545, BT 539)

Mache dich auf – das ist starke Poesie Martin Luthers, weil der Aufruf, der Appell so schillernd ist und uns darum angeht, so oder so.

Mache dich auf – das kann zum einen heißen: Komm, steh auf, werde wach, brich auf, setze deine Schritte und wage den Weg in den Tag. Ich kann mir gut vorstellen, wie Jesaja es den müden Schläfern zugerufen hat, den Trägen und Mutlosen, den Gleichgültigen und Faulen, wie sie in königlichen Palästen oder in paradiesischen Oasen liegen, zufrieden mit sich selbst, satt von der Welt, lustlos, antriebslos. Die gibt es doch heute noch – und manchmal erschrecke ich und ertappe mich selbst dabei –, die Selbstgerechten, die sich eingerichtet haben in ihrer Bürgerlichkeit, die zufrieden sind mit einer wohlfeilen Anständigkeit, die in Ruhe gelassen werden wollen und deren Kreise keiner stören soll. Diese Lustlosigkeit aber, diese schale Zufriedenheit, die nennen Luther und Jesaja: Finsternis und Dunkel. Offensichtlich fehlt da was, wenn ich lieber an Ort und Stelle und liegen bleibe, wenn ich die Ruhe höher schätze als die Leidenschaft, wenn mir die Bequemlichkeit mehr gilt als die Beweglichkeit. Da fehlt etwas, da fehlt das Licht, im Dunkeln verharre ich bloß, im Licht aber, da lebe ich, herrlich sogar, glänzend, dichtet Luther.

Mache dich auf – das meint zum andern aber auch: Öffne dich, tu die Arme auf, erschließe dein Herz, weite die Seele, hebe den Blick, sei ganz Ohr. Mache dich auf – sei aufmerksam, höre, lausche, schau hin, sei achtsam.

Neben den einen Appell: aufzustehen, tritt der andere: aufzumerken. Wer aufmerkt, die und der lebt in Erwartung. Da ist noch was, da kommt noch was, mein Leben ist nicht zu Ende, hat seine Grenze nicht an dem kleinen Horizont, den ich ermessen kann. „Die Herrlichkeit des Herrn geht auf über dir!“; „Licht und Glanz gehen auf über dir!“ Jesaja und Luther verwenden die poetischen Bilder der Morgenröte, des anbrechenden Tages. Der Silberstreif der Hoffnung am dunklen Wolkenhimmel, die aufsteigende Sonne nach einer stürmischen Nacht – und dann ist Friede, dann keimt Mut auf, dann spüre ich die erste Wärme auf der Haut und irgendeine Amsel singt mich in einen verheißungsvollen Tag. Es war der Karmel und nicht der Baden-Badener Fremersberg, hinter dem die Sonne aufging, vielleicht war es ein Feld vor Jerusalem und nicht das Rheinufer, dem vom ersten Licht geschmeichelt wurde – aber die Erfahrung ist noch dieselbe: So geht es, wenn Gott kommt – er tut wohl, er weckt die Lebensgeister, er macht frischen Mut. Ich brauche mich nur aufzutun dafür!

Singen wir den Vers noch einmal miteinander:

Mache dich auf und werde licht ...

Werde licht. Ich glaube, das heißt etwas ganz anderes, als auf den ersten Blick zu verstehen ist. Ich stelle mir vor, wir würden licht, jede und jeder Einzelne, und die Gemeinde, die Kirche – wir würden licht, und um es noch genauer zu fassen: Licht wäre in diesem Satz ein Substantiv, ein Hauptwort, und so wären wir in der Hauptsache: Licht, Helligkeit, Glanz und Gloria.

Das geschähe dann: Die Leute wären geblendet! Sie könnten wohl unser Strahlen bewundern, aber sehen, entdecken, erkennen könnten sie nichts. Sie müssten den Blick senken vor uns, um nicht blind zu werden, so, als schauten sie in die Sonne. Und das glaube ich nicht, dass Gott uns als Blendwerk, als Gleisnerei und Strahlemänner will. Die Leute um uns her, die Menschen mit ihren Fragen, ihrem Schmerz, ihrer Sehnsucht, die hätten doch von Glanz und Strahlen nicht viel, rein gar nichts, um abermals genau zu sein.

Was will Gott dann? Werde licht? Was ist dann gemeint? Die Hauptworte unserer Zeilen sind die letzten drei: Dein Licht kommt. Und was geschieht, wenn Licht kommt? Was ereignet sich, wenn Gott uns anstrahlt, anlacht, erhellt? Sehr einfach, wie es immer ist, eine physikalische Notwendigkeit, ganz natürlich: Das Licht bringt die Farben zum Leuchten. Wenn Licht kommt, sind Farben da; wenn Gott kommt, dann leuchten wir in all unserer Buntheit! Was sich ereignet, ist also nicht, dass wir Glorien und Heiligenscheine bekommen – das blendet die Menschen und zieht sie nicht an –; was sich ereignet ist, dass wir menschlich werden, farbenprächtig, in all unseren Schattierungen und Nuancen, im feinen Schillern und in lockender Brillanz – liebevoll rot, hoffnungsfroh grün, himmelweit blau und sonnenwarm gelb und farbig und bunt in all den menschlichen Mischungen und Paletten. So werden wir anziehend und ansprechbar: bunte Menschen für die bunte Menschheit in all ihrer Farbenpracht, all ihrem Farbenelend.

Mache dich auf – und werde licht. Und es mag noch etwas ganz Subtiles gemeint sein. Die Worte „licht" und „leicht", die gehören zusammen. Wenn sich der Nebel lichtet, dann wird es mir leicht ums Herz; und ganz leicht, ganz fröhlich gehe ich in den Tag, wenn die Morgensonne ihn erhellt.

Mache dich auf und werde – leicht. Ich höre das als Appell gegen die Behäbigkeit, gegen Trauerminen und Sauertöpfigkeit. Gottes Leichtigkeit wider den tierischen Ernst, wider dieses Teufelchen Kleinmut, das mir bisweilen in der Seele hockt und Pessimismus pflanzt.

Werdet leicht – für eine Gemeinde, für die Kirche heißt das wohl: Freundlichkeit statt Erwartung, dass wir die, die uns begegnen, begrüßen, willkommen heißen – und nicht gleich etwas wollen von ihnen; dass wir hören, wie Menschen sich selbst und ihren Glauben verstehen – und dass wir sie nicht gleich an unseren Einsichten messen; dass wir unsere Herkunft, unsere Traditionen nicht auf die leichte Schulter, aber doch etwas leichter nehmen, und lernbereit sind, neugierig, und vielleicht sogar etwas Wagemut an den Tag legen, den Wagemut, sich von Gott überraschen zu lassen.

Steh auf, tu dich auf, werde bunt und nimm dich leichter – so erschließt sich mir die lutherische Poesie.

Singen wir sie noch mal:

Mache dich auf und werde licht …

So erschließt sich die Poesie Martin Luthers und Jesajas – wir freilich werden nur dann aufgeschlossen dafür, wenn die Hauptworte stimmen: „Denn dein Licht kommt, und die Herrlichkeit des Herrn geht auf über dir!"

Die aber stimmen, Gott selber tritt dafür ein. Das liegt nicht in unserer Hand – Gott aber kommt, strahlend in seiner Schönheit und Buntheit, wie die Morgensonne, wie der neue Tag, ganz gewiss; er sagt es, und er sagt es zu. Und wenn Gott es zusagt, dann sind auch die Grenzen der Poesie erreicht, weil es an Gottes Versprechen nichts mehr zu deuten und zu deuteln gibt. Er sagt's – er kommt, unser Licht.

Amen

Lied: O komm, o komm, du Morgenstern … (EG 19,1-3)

Bitte lassen Sie uns beten:

Lebendiger Gott, wir sehen dein Licht,
sehen es aufsteigen am Horizont unserer Träume,
sehen es strahlen auf unsere Sehnsucht,
und die Herzen, die kalt geworden sind von der Lieblosigkeit,
die erwärmst du und die machst du auf.
Du kommst und gehst auf über uns, Gott,
hilf uns, dich zu empfangen!
Wir rufen:

Die Nacht ist vorgedrungen … (EG 16,1)

Lebendiger Gott, wir sehen dein Licht –
aber wir sehen in deinem Licht auch, was uns nicht lieb ist.
Wir sehen unseren Kleinglauben, unsere Gleichgültigkeit,
wir erkennen, wie oft wir fehlen,
wo wir gebraucht werden,

wir sehen, wie unglaubwürdig deine Kirche oft genug ist.
Strahle uns an, Gott, dass wir mutig werden
und in der hellen Freude leben, die du schenkst.
Wir rufen:

Dem alle Engel dienen … (EG 16,2)

Lebendiger Gott, wir sehen dein Licht –
du kommst, damit es nicht dunkel bleibe in unserer Welt.
Der Rauch der Kriege verfinstert den Tag,
die schwarze Verzweiflung macht sich breit.
Dunkle Wolken aus Angst legen sich auf die Völker,
die graue Hoffnungslosigkeit saugt allen Lebensmut auf.
Komm bald, Gott, und mach dem Morden ein Ende,
versöhne, was im Streit liegt.
Wir rufen:

Die Nacht ist schon im Schwinden … (EG 16,3)

Dein Licht, Gott, strahlt über den Tod hinaus,
denen, die wir gehen lassen müssen, zeigst du den Weg
in dein helles, weites Land.
Wir vertrauen dir unsere Verstorbenen an,
du hast sie im Leben begleitet,
du lässt sie nun nicht allein.
Heile ihre Seele und ihren Leib,
und tröste die, die um sie weinen,
mit einem hilfreichen Trost,
der trägt und ermutigt.
Wir rufen:

Noch manche Nacht wird fallen … (EG 16,4)

Lebendiger Gott, wir sehen dein Licht –

in der Stille sagen wir dir,
wo uns Licht und Wärme nottun:
(Gebetsstille)

Für alle, die wir lieben
und die du uns anvertraut hast
und für uns selbst bitten wir dich, Gott:
Lass uns leuchten von deiner Liebe.
Wir rufen:

Die Nacht ist vorgedrungen ... (EG 16,1)

Vaterunser

Und der Friede Gottes,
der heller strahlt als jedes menschliche Licht,
der uns weiter führt als all unsere Kraft,
der bewahre eure Herzen und Sinne in Christus Jesus.
Amen

Lied: Segne uns, o Herr ... (EG 581,1-3)

Mache dich auf – Gott zieht ein.
Werde licht – und du lernst lachen.
Dein Licht kommt – du darfst gewiss sein.

So segnet und behütet dich Gott,
der Liebevolle und Lebendige,
der Vater, der Sohn und der Heilige Geist.

Amen, Amen, Amen

Orgelnachspiel

An die Pforte pochen – Abendgottesdienst im Advent (Jesaja 63)

Orgelvorspiel

Lied: Mit Ernst, o Menschenkinder … (EG 10,1.2.4)

Votum – **Amen**

(Begrüßung)

Der Gott, der sich müht um uns, der ein Auge hat auf uns, unser Gott, der sei mit euch – **und mit deinem Geist**

Komm uns zu Hilfe, Gott! Psalmgebet im Wechsel, nach Psalm 80:

Ausgang und Eingang, Anfang und Ende,
liegen bei dir, Gott, füll du uns die Hände. (EG 175)

Du Freund deiner Menschen, höre uns,
du, der du uns zugewandt bist!
    Erhebe dich in deiner Kraft
    und komm uns zu Hilfe!
Gott, tröste uns wieder
und lass leuchten dein Antlitz, denn dann werden wir gesund.

Sag doch, Gott, wie lange willst du schweigen,
während deine Menschen rufen?

Ausgang und Eingang ...

Es ist ein hartes Brot, das du uns reichst,
unsere Tränen füllen Krüge.
Schau doch nach uns, Gott!
Schaue nach und hab ein Einsehen,
nimm dich derer an, die du geschaffen hast.
Schütze doch, was du ins Leben gestellt hast!
Schütze deine Menschen mit deiner Hand,
die Menschen, die du hast werden und wachsen lassen.
Tust du das? Dann wollen wir uns nicht abwenden.
Hilf uns, zu leben, dann sind wir dir dankbar, Gott.
Gott, nun tröste uns wieder;
und lass leuchten dein Antlitz, denn dann werden wir gesund.

Ausgang und Eingang ...

Sei getrost und hoffe auf Gott,
der hilft dir in jedem Fall.

Ehre sei dem Vater ...

Bitte beten Sie mit mir:

Höre mich, Gott, höre mich.
Hör das Seufzen, wenn ich die Last meiner Verantwortung
auf den Schultern spüre,
hör das Weinen, wenn die Trauer mein Herz ergreift.
Hör den Schrei, wenn ich nicht weiterweiß,
und hör meine Fragen,
wenn der Zweifel mich bedrängt.

Hör die Wut, wenn ich all die Ungerechtigkeiten sehe,
und hör mein Schweigen, wenn es mir die Sprache verschlägt.
Höre mich, Gott, höre mich,
damit ich weiß,
dass ich mit Wut und Schmerz, Trauer und Last nicht alleine bin.
Und lass mich hören,
wie du mich tröstest.

Kyrie (EG 178.9)

Gott hört uns und er schweigt nicht – und das ist es, was Gott uns zusagt:

Die Gott suchen, deren Herz wird aufleben,
denn der Herr hört die Armen.
Amen

Lied: Gott sei Dank durch alle Welt … (EG 12,1-4)

Bitte lassen Sie uns beten miteinander:

Gott, du hörst und lässt dich hören,
mit einem Wort hast du die Welt geschaffen,
mit einem Wort machst du unsere Seelen gesund.
Darum sprich mit uns, Gott,
sprich deine Liebe aus,
deine Zuwendung, deine Gegenwart.
Das bitten wir dich durch Jesus Christus,
der unser Bruder geworden ist,
und der mit dir und dem Heiligen Geist
lebt und wirkt von Ewigkeit zu Ewigkeit.
Amen

Lesung: Lukas 21,25-33

Jesus hatte eine große Vision und sagte: „Es werden Zeichen geschehen an Sonne und Mond und Sternen, und auf Erden wird den Völkern bange sein, und sie werden verzagen vor dem Brausen und Wogen des Meeres, und die Menschen werden vergehen vor Furcht und in Erwartung der Dinge, die kommen sollen über die ganze Erde; denn die Kräfte der Himmel werden ins Wanken kommen."

**Melodie (Orgel): „Weißt du, wie viel Sternlein stehen ... "
(EG 511)**

„Und alsdann werden sie sehen den Menschensohn kommen in einer Wolke mit großer Kraft und Herrlichkeit. Wenn aber dieses anfängt zu geschehen, dann seht auf und erhebt eure Häupter, weil sich eure Erlösung naht.

Und er sagte ihnen ein Gleichnis: Seht den Feigenbaum und alle Bäume an: wenn sie jetzt ausschlagen und ihr seht es, so wisst ihr selber, dass der Sommer schon nahe ist. So auch ihr: Wenn ihr seht, dass dies alles geschieht, so wisst, dass das Reich Gottes nahe ist.

**Melodie (Orgel): „Weißt du wie viel Sternlein stehen ... "
(EG 511)**

Wahrlich, ich sage euch: Dieses Geschlecht wird nicht vergehen, bis es alles geschieht. Himmel und Erde werden vergehen; aber meine Worte werden nicht vergehen."

**Melodie (Orgel): „Weißt du wie viel Sternlein stehen ... "
(EG 511)**

Macht die Tore weit und die Türen in der Welt hoch,
dass der König der Ehre einziehe!
Halleluja

Halleluja ...

Lied: Wie soll ich dich empfangen ... (EG 11,1-3)

An die Himmelspforte pochen – Predigt zu Jesaja 63,15-16

Gottes Wort ist köstlicher als Gold, als viel feines Gold. Amen

Hören wir auf Gottes Wort, heute aus dem Buch des Propheten Jesaja, im 63. Kapitel, die Verse 15 und 16: (Textlesung).

Kennen Sie den, liebe Gemeinde? Kennen Sie den:
Ein Pfarrer steht vor dem Himmelstor und diskutiert mit Petrus, der ihn nicht in den Himmel einlassen will. Plötzlich kommt ein Taxifahrer und Petrus lässt ihn sofort ein, ohne ein Wort, ohne eine Frage. Staunt der Pfarrer: „Ja, sag mal, Petrus, warum darf der in den Himmel und ich nicht?" Antwortet Petrus: „Nun, mein Sohn, ganz einfach: Wenn du gepredigt hast, haben die Leute geschlafen. Wenn er gefahren ist, haben die Leute gebetet!"

Das ist ein klerikaler Witz, liebe Gemeinde, wie sie gern bei Pfarrkonventen erzählt werden oder abends am Pfarrerstammtisch. Ich habe ihn im Internet gefunden, weil ich mir Witze nicht merken kann, klerikale schon gar nicht, die sind ja auch nur begrenzt humorvoll. Gar nicht humorvoll ist der, der da im Bibeltext ans Tor pocht. Es muss wohl die Himmelspforte sein, Petrus wird zwar übergangen – der hat ja wohl auch nur freche Antworten, wenn einer an seine Tür klopft; nein, es ist Gott selbst, der da angesprochen wird. Und er wird sehr unwirsch angerufen, ärgerlich, zornig fast.

„Jetzt sag mal, wo ist denn dein Eifer für mich, wo ist denn deine Liebe – hast du das vergessen? Was ist denn los, wo bleibst du denn?" Diese Worte werden dem Propheten Jesaja in den Mund gelegt – aber er spricht nicht nur für sich selbst, er spricht für das ganze Volk Israel, spricht für alle, die in Not und Bedrängnis geraten sind und sich ganz allein, von allen guten Geistern verlassen, ganz gottverlassen fühlen in ihrem Elend.

Als ich diese Zeilen las, stand mir sofort dieses Himmelspforten-Bild vor Augen, wie da einer an der Tür Gottes rüttelt und dagegenhämmert, wie einer reißt und schreit und nicht lockerlässt, weil er sauer ist, abgrundtief wütend. Gott hat ihn im Regen stehen lassen, Gott kümmert sich nicht, Gott zeigt die kalte Schulter. Nichts ist mit „Macht hoch die Tür, die Tor macht weit", Gott hat seine Tür verschlossen und den Schlüssel unachtsam verlegt. Er tut so, als ginge ihn das ganze Unglück, das einem Menschen zustoßen kann, als ginge ihn das alles nichts an.

Aber so ist das doch nicht in Ordnung! Gott muss sich kümmern, Gott soll endlich hinhören und sich aufschließen, soll das Tor vor seinem Herzen aufmachen und den Schmerz, das Elend einlassen und Abhilfe schaffen. Verflucht noch mal, jetzt tu doch endlich was!

Ich verstehe diesen Zorn zutiefst, liebe Gemeinde, manchmal brennt er auch in mir. Dann höre ich von ermordeten Kindern, vom dreitausendsten Bombenanschlag, vom hunderttausendfachen Hungertod – und es passiert nichts. Wo ist Gott denn, warum schweigt er so unverschämt und warum lässt er auch noch Schindluder treiben mit sich, wenn die Fanatiker aller Religionen in seinem Namen Angst ausbreiten und Menschenleben verachten? Ich begreife das nicht, ich bin wütend auf ihn, weil er schweigt! Weil er so tut, als ginge ihn das nichts an – und zu unseren persönlichen Nöten schweigt er sowieso. Wo bleibt der wohlmeinende Gott, von dem die Bibel erzählt; wo bleibt die Liebe, von der die Kirche schwätzt und der Pfarrer jeden Sonntag auf der heimischen Kanzel? Warum kümmert sich Gott nicht?

Aber: Müsste er sich denn kümmern? Darf ich Menschlein, mit oder ohne Talar, darf ich das denn verlangen, einfordern, anmahnen? Hab ich ein Recht auf meinen Gotteszorn?

Ja, ganz offensichtlich hab ich das; ganz offensichtlich dürfen wir schimpfen und hadern, Zweifel hegen und zornig sein. Die Bibel, die Heilige Schrift also, die Bibel selber ist voll davon, voll von Klage und Anklage, von Kopfschütteln und Fäusteballen. In den Psalmen können Sie es nachlesen – und eben auch hier, beim Propheten Jesaja.

Der leiht uns Menschen seinen Mund und seine Worte. Wütende, anklagende Worte. Gott, Herrgott noch mal, kümmere dich doch!

Muss Gott sich kümmern?

Ja, das muss er! Jesaja erinnert ihn: „Gott, du bist doch unser Vater – unser Erlöser, das ist von alters her dein Name!" Jesaja erinnert ihn, denn dass er Vater und Erlöser sei, ein liebender, hilfreicher Gott, das hat er ja selbst gesagt, das sind seine eigenen Worte. Das haben nicht wir Menschen erfunden und uns einen netten, lieben Gott ausgedacht, einen Eiapopeia-Gott mit eingefrorenem Lächeln und dem Standardauftrag, den Menschen Gutes zu tun. Gott selber hat sich zugesagt, Gott hat uns ein Versprechen gegeben: Versprochen wird nicht gebrochen!

Jesaja macht sich zum Anwalt unserer Gottesanfragen, Jesaja hält Gott vor, was er selbst gesagt hat. Und wie antwortet der? „Ach, das war nicht so ernst gemeint", oder: „Damals waren die Bedingungen meiner Zusagen noch nicht völlig geklärt!"? Das wären typische Politikerantworten, die kommen, wenn sie an ihre Wahlversprechen erinnert werden. Aber Gott steht nicht zur Wahl, wir haben ihn nicht gewählt – er hat uns erwählt, heißt es in der Bibel. Darum klingen seine Antworten auch anders, oder: genauer gesagt – seine Antwort besteht aus beredtem Schweigen und einem Schrei!

Kümmert Gott sich? Ja, Gott kümmert sich, aber nicht von oben herab, nicht wie der väterliche Allerbarmer vom Thron herab. Gott kümmert sich, indem er die Kümmernisse mitträgt!

Derselbe Jesaja, der hier so unwirsch mit Gott umspringt und zornig-frech an die Himmelstür klopft, derselbe Jesaja singt auch Adventslieder. Unsere hat er noch nicht gekannt, aber so ähnlich klingen sie wie das Lied von Jochen Klepper „Die Nacht ist vorgedrungen / der Tag ist nicht mehr fern", dieses Hoffnungslied, oder das sehnsuchtsvolle „O Heiland, reiß die Himmel auf". Jesaja singt Adventslieder von der Nähe Gottes. Vier sind es in seinem Prophetenbuch, die vier sogenannten Gottesknechtslieder. Wie Jesaja sie gesungen hat, auf welche Melodie, wissen wir nicht, aber die Worte der Strophen liegen vor. Im einen Lied heißt es: „Er trug unsere Krankheit, er lud auf sich unsere Schmerzen, durch seine Wunden sind wir geheilt." – Und im anderen: „Er hat mich gesandt, den Elenden gute Botschaft zu bringen, die zerbrochenen Herzen zu verbinden und den Gebundenen zu verkünden, dass sie frei sind!"

Ich höre die Gottesknechtslieder des Jesaja als Lieder von Jesus, von dem Mann aus Nazareth, in dessen Antlitz Gott zeigt, wie er zu uns steht. Es sind Lieder der Hoffnung, und gesättigt sind sie von Erfahrungen mit dem menschlichen Gott, der in Jesus geworden ist wie wir – dem also Elend und Gotteszorn, verzweifeltes Fragen und schreiende Sehnsucht nicht fremd sind.

Gott kümmert sich, er ist ein Vater, der sich sorgt, eine Mutter, die in die Arme schließt, ein Bruder, der mitgeht, ein Gefährte, der uns nicht von der Seite weicht. Und er bleibt nicht hinter göttlichem Schloss und Riegel, er hat die Tür lang schon aufgemacht, um bei uns zu sein. Es ist ein Erlöser, der liebt – darum ist er da, darum leidet er mit, darum liebt er und überwindet liebend, was uns bedrängt und begrenzt.

Gott hört das Rütteln am Tor, Gott reagiert auf den Zorn und die Verzweiflung, er bleibt nicht hocken auf dem himmlischen Thron, sondern macht sich auf. Dass er kommt, immer wieder kommt, jeden Tag in jeden Schmerz, in jedes Dunkel, das feiern wir bald. Es ist nicht mehr lang – er wird uns nicht mehr lange warten lassen!

Und ich Sie auch nicht! Kennen Sie den, liebe Gemeinde: Fragt ein Pfarrer seinen Kirchenältesten: „Sag mal, wie fandst du meine Predigt vom vergangenen Sonntag?" Antwortet der: „Ach ja, schon in Ordnung – die Predigt war ganz gut ... nur der Schluss kam etwas spät."

Amen

Lied: O Heiland, reiß die Himmel auf ... (EG 7,1-3)

Bitte lassen Sie uns beten:

Unser Gott, wir stehen vor deiner Tür und klopfen an,
du tust dich auf für uns,

du lässt uns zu Hause sein bei dir.
Nichts kann uns vertreiben,
wir irren nicht umher.
Weil wir Heimat haben bei dir, Gott,
gehen wir unsere Wege getrost.
Geh du mit uns:

Ach, bleib mit deinem Segen … (EG 347,4)

Unser Gott, wir stehen vor deiner Tür und klopfen an,
und wir denken an die Heimatlosen,
an die Menschen, die geflohen sind
vor Hunger, Not und Kriegen,
die verfolgt werden,
die um ihr Leben fürchten.
Bewahre sie, Gott, beende die Gewalt.
Geh mit ihnen:

Ach, bleib mit deinem Segen …

Unser Gott, wir stehen vor deiner Tür und klopfen an,
und wir denken an die, die sich verloren fühlen.
An Menschen – gefangen in ihrer Sucht,
an die Schwermütigen und Verzweifelten,
an die, die sich überfordert fühlen
und keine Kraft, keinen Mut mehr haben.
Hilf ihnen tragen, Gott, ermutige sie.
Geh mit ihnen:

Ach, bleib mit deinem Segen …

Unser Gott, wir stehen vor deiner Tür und klopfen an,
und wir denken an die, die glücklich sind.
An alle, die geliebt werden,

die mutig ihre Tage leben,
die sich nicht fürchten,
die voller Hoffnung Herz und Hände regen.
Bestärke ihren Mut, Gott.
Geh mit ihnen:

Ach, bleib mit deinem Segen …

Unser Gott, wir stehen vor deiner Tür und klopfen an –
und deine Tür ist weit, weit aufgetan.
In der Stille sagen wir dir,
was uns ganz persönlich bewegt:
(Gebetsstille)

Wir wissen uns begleitet und geborgen, Gott,
du gehst mit uns:

Ach, bleib mit deinem Segen …

Vaterunser

Und der Friede Gottes, in dem wir zu Hause sind,
mehr, als wir ahnen und verstehen,
der bewahre eure Herzen und Sinne in Christus Jesus.
Amen

Lied: Die Nacht ist vorgedrungen … (EG 16,1-2)

Segen:
Gott breitet seine Arme aus – du bist willkommen.
Gott leiht seine Hand – du wirst gestärkt.
Gott öffnet sein Herz – du hast ein Zuhause.

Amen, Amen, Amen

Das ist das Haus vom Nikolaus – Gottesdienst zum Nikolaustag

Orgelvorspiel (Improvisation zu „Lasst uns froh und munter sein“)

Votum – **Amen**

(Begrüßung)

Lied: Ich singe dir mit Herz und Mund … (EG 324,1.2.12-14)

Der Gott, der Wohnung nimmt bei uns, Gott, unser Gast, der sei mit euch – **und mit deinem Geist**

Der Vogel hat ein Haus gefunden … Psalmgebet im Wechsel, nach Psalm 84:

Sende dein Licht und deine Wahrheit,
dass sie mich leiten zu deiner Wohnung
und ich dir danke, dass du mir hilfst.
(EG 172)

Wie lieb sind mir deine Wohnungen, großer Gott!
Meine Seele verlangt und sehnt sich nach deinen Vorhöfen, Gott;
mein Leib und Seele freuen sich

an dir, an dem lebendigen Gott.
Der Vogel hat ein Haus gefunden
und die Schwalbe ein Nest für ihre Jungen –
deine Gegenwart, großer Gott,
mein Freund und mein Gott.

Sende dein Licht ...

Wohl denen, die in deinem Haus wohnen;
die loben dich allezeit.
Wohl den Menschen, die dich für ihre Stärke halten
und die dich von Herzen suchen!
Denn ein Tag in deinen Vorhöfen
ist besser als sonst tausend.
Ich will lieber die Tür hüten in meines Gottes Hause
als wohnen in den Palästen derer, die dich nicht achten.
Denn du, Gott, bist meine Sonne und mein Schild;
du lässt es an nichts mangeln!
Großer Gott, wohl dem Menschen,
der sich auf dich verlässt!

Sende dein Licht ...

Du deckst mich in deiner Hütte zur schlimmen Zeit,
du birgst mich unter dem Schutz deines Zeltes.

Ehre sei dem Vater ...

Bitte beten Sie mit mir:

Sag mal, mein Gott, wo wohnst du eigentlich?
Ich weiß das nicht so genau,
denn – du musst verstehen – wo ich dich suche,
da finde ich dich nicht!

Wohnst du im Himmel?
Dort sind die Sonnen und Planeten,
dort sind Kräfte und Materie,
aber sonst, sonst ist es leer.
Wohnst du in Kirchen oder in Bischofsresidenzen?
Aber dann gäbe es die Trennung der Konfessionen nicht,
dann wären die Kirchen glaubwürdiger!
Wohnst du in den Regierungssitzen, in Parlamenten und Palästen?
Aber dann müsste Frieden walten,
dann herrschte Gerechtigkeit.
Wohnst du in den Elendshütten, den Slums und Favelas?
Doch dann – glaube ich –
hätte die Armut ein Ende,
dann gäbe es die Not ums tägliche Brot nicht mehr.
Wo wohnst du, Gott?
In Hütten und Häusern,
in Herzen und Händen?
Wo wohnst du?
Bitte, Gott, öffne mir die Augen,
zeige mir, wo du wohnst –
ich suche dich doch!

Kyrie (EG 178.11)

Gott hört uns und er schweigt nicht.
Und das ist es, was Gott uns zusagt:

Siehe, spricht Gott, ich komme und will bei dir wohnen.

Ehre sei Gott in der Höhe – **und auf Erden Fried ...**

Lied: Tut mir auf die schöne Pforte ... (EG 166,1-2)

Lesung: Lukas 19,1-6

Melodie (Orgel): „Lasst uns froh und munter sein …“

(Auf Tafel, Flipchart oder Plakatwand folgendes Bild im Altarraum:)

Das ist das Haus vom Nikolaus, liebe Gemeinde: einfach, alles dran, was der Mensch so braucht, Wände und ein Dach über dem Kopf, quadratisch, praktisch, gut, ein paar Fenster und eine Tür hätten vielleicht nicht geschadet. Aber sonst, alles da. Dieses „Haus vom Nikolaus“ ist ja auch erst einmal gar nicht zum drin Wohnen gedacht, es ist ein Spiel; hervorragend geeignet für langweilige Sitzungen im Kirchengemeinderat oder – noch besser – für zähe Unterrichtsstunden, für Mathe oder Reli. Meine Schüler in der Klosterschule haben es auch gleich erkannt: „Das ist das Haus vom Nikolaus“ ist zur Behandlung chronischer Langeweile so gut geeignet und beliebt wie „Käsekästchen“ oder „Schiffe versenken“ – hilfreich und erprobt.

Und so geht's: Du musst es schaffen, dieses Haus in einem Strich zu zeichnen, ohne den Stift abzusetzen, das heißt: Gleich der Anfang muss stimmen! Ich kann das jetzt, ein guter Prediger bereitet sich vor! Mag es mal jemand versuchen? Ein Freiwilliger? Eine Freiwillige? …

Also, so funktioniert's! Der Nikolaushaus-Bau ist, für Geübte, so schwer nicht. Schwieriger ist es, die Frage zu beantworten, wo es denn eigentlich steht, das Haus vom Nikolaus. Eigentlich müsste es ja recht weit fort sein, irgendwo in himmlischen Gefilden, immerhin braucht er einen Rentierschlitten, um mit seinem Gepäckwagen zu uns zu gelangen – aber ... da hab ich wohl was verwechselt, stimmt's? Ja, ja, ich weiß: Der rot befrackte Weißbart mit Rute und Sack, das ist gar nicht der Nikolaus. Die Kinder in meiner vierten Klasse wissen das leider fast alle nicht, nur meine katholische Gastschülerin Lara konnte da glänzen. Nikolaus, der hat keine Zipfelmütze an, sondern eine Mithra auf dem Kopf!

Melodie (Orgel): „Lasst uns froh und munter sein ...“

Nikolaus war Bischof in Myra, das liegt in der heutigen Türkei. Und wenn ich wissen will, wo sein Haus steht, höre ich am besten, was von ihm erzählt wird. Die „Legenda Aurea“, die „Goldene Legende“, im Mittelalter entstanden, erzählt schon vom kleinen Nikolaus, vom Nikoläuschen, ganz Bemerkenswertes:

Nicolaus ist geboren aus der Stadt Patera, von frommen und reichen Eltern: sein Vater hieß Epiphanius, seine Mutter Johanna. In der Blüte ihrer Jugend schenkte Gott den Eltern dieses Kind; darnach lebten sie keusch, in göttlicher Liebe.

Des ersten Tages, da man Sanct Nicolaus das Kindlein baden sollte, da stund es aufrecht in dem Becken, und wollte auch am Mittwoch und Freitag nicht mehr denn einmal saugen seiner Mutter Brust. Als das Kind zu Jahren kam, schied es sich von den Freuden der anderen Jünglinge und suchte die Kirchen mit Andacht; und was er da verstand von der heiligen Schrift, das behielt er mit Ernst in seinem Sinne. Als sein Vater und seine Mutter tot waren, begann er zu betrachten, wie er den großen Reichtum verzehre in Gottes Lob und nicht zu der Ehre der Menschen.

Er war also ein ziemlich frommer Knabe, der gute Nikolaus!
Aber nun wissen wir immer noch nicht, wo er wohnt, was sein Haus ist, wie seine Adresse lautet. Das weiß die Legende aber auch:

Da war ein Nachbar, edel von Geburt und arm an Gut, der hatte drei Töchter, die wollte er in seiner Not in die offene Sünde der Welt stoßen, daß er von dem Preis ihrer Schande leben möchte. Als das Sanct Nicolaus hörte, entsetzte er sich über die Sünde; und ging hin und band einen Klumpen Goldes in ein Tuch und warf ihn des Nachts heimlich dem Armen durch ein Fenster in sein Haus und ging heimlich wieder fort. Da es Morgen ward, fand der Mann das Gold, dankte Gott, und richtete davon der ältesten Tochter Hochzeit aus. Nicht lange darnach tat Sanct Nicolaus dasselbige zum andern Mal. Als der arme Mann wiederum das viele Gold fand, lobte er Gott von Herzen und setzte sich vor, hinfort zu wachen, daß er den Diener Gottes fände, der ihm in seiner Armut so zu Hilfe käme.

Darnach kürzlich warf Nicolaus Goldes zweimal so viel in das Haus denn zuvor; da erwachte der Mann von dem Falle des Goldes und eilte dem Heiligen nach und rief „Steh stille und laß mich dein Antlitz schauen" und holte ihn ein und erkannte, daß es Sanct Nicolaus war; und fiel vor ihm nieder und wollte ihm seine Füße küssen. Das wehrte ihm Nicolaus und gebot ihm, daß er diese Tat nicht sollte offenbar machen, so lange er lebte."[2]

Melodie (Orgel): „Lasst uns froh und munter sein ..."

Aufgezeichnet wurde diese Legende, liebe Gemeinde, vor etwa 800 Jahren, erzählt wurde sie sicher schon Jahrhunderte zuvor. Der historische Nikolaus von Myra in Kleinasien lebte etwa im 4. Jahrhundert nach Christus. Was da aber erzählt wird, das ist im Grunde hochaktuell, das könnte auch aus unserer Zeit stammen: Ein Mann wird bitterarm und er weiß sich nicht anders zu helfen: Er will sei-

2 „Von Sanct Nicolaus", in: Legenda aurea des Jacobus de Voragine, Hg. Richard Benz, Lambert Schneider: Gerlingen 1955, S. 26-34.

ne Töchter verschachern, er zwingt sie zur Prostitution, will sie verkaufen. Wir hören davon immer wieder, wie Frauen, kleine Mädchen schon, zur Ware werden, wie ihnen Wert und Würde abgesprochen werden. Das funktioniert, weil es Arme gibt auf der einen Seite und Gierige auf der anderen, weil die einen das Elend der anderen ausnutzen können.

Und dort, wo es so arm zugeht, dort ist der Nikolaus zu Hause. In der Legende gibt er seinen Goldschatz dran, wirft er bei Nacht Münzen durchs Fenster der Elendshütte. Dort, wo Armut herrscht, dort ist der Nikolaus zu Hause.

Das ist er, weil er – wie die „Legenda Aurea" weiß – etwas „verstand von der heiligen Schrift". Indem Nikolaus das Haus der Armen zu dem seinen macht, lebt und handelt er in der Nachfolge des Gottes, der ankündigt (Sacharja 2,14): „Siehe, ich komme und will bei dir wohnen." Jesus sagt es noch deutlicher, das haben wir eben in der Geschichte von Zachäus gehört: „Ich muss heute in deinem Haus einkehren!"

Gott muss, er muss bei denen wohnen, die im Elend sind, er muss bei denen sein, die – arm und missachtet, ihrer Würde beraubt – ausgegrenzt werden. Er muss – weil er liebt, und seine Liebe gilt denen, die in Not sind.

Und ich glaube: in jeglicher Not. Gottes Haus steht in Syrien, in Palästina, in Afghanistan, Gottes Haus ist das notdürftige Zelt, das Flüchtende auf der Balkanroute aufschlagen, um darin zu frieren, Gottes Haus brennt, wenn Flüchtlingsheime angezündet werden, und Gott wohnt, wo ein alter Mensch einsam geworden ist, wo jemand seiner Schwermut nicht mehr Herr wird und verzweifelt, wo ein Kind gequält wird – und er zieht bei mir ein, wenn ich mich vom Leben habe entmutigen lasse und keine Hoffnung mehr zu wagen vermag.

Gott wohnt, wo es nicht lustig zugeht und wo für „Tralala" kein Platz mehr ist.

Melodie (Orgel): „Lustig, lustig …"

Am Ende, glaube ich, will uns das „Haus vom Nikolaus“ genau das erzählen, und schließlich steht dafür die ganze Weihnachtsgeschichte, die Geschichte von einem Gott, der als kleines Kind in die Welt kommt, arm und in einem Stall. Die sagen uns zu, die versichern uns: Gott wohnt nicht im himmlischen Penthouse, Gott wohnt Parterre – das ist Französisch und heißt: auf der Erde. Gott hat Wohnung genommen, wo wir sind; wo wir leben, dort ist sein Zuhause.

Das müsste es uns leichter machen, die Häuser und Heime derer aufzusuchen, die Hilfe brauchen. Denn dort ist, wie bei uns selbst, Gott daheim.

Darum heißt es wohl beim Propheten Jesaja, als Gottes Ankunft – „Siehe, ich komme und will bei dir wohnen!“ – angekündigt wird: „Freue dich und sei fröhlich, du Tochter Zion!“ – denn wo Gott wohnt, tut sich Zukunft auf!

Drum also:

Melodie (Orgel): „Lasst uns froh und munter sein …“

Lasst uns froh und munter sein,
und uns recht von Herzen freun!
Lustig, lustig tralalalala –
Gott ist, wo wir weinen, da!

Nik'laus ist ein guter Mann,
dem man nicht genug danken kann.
Lustig, lustig, tralalalala,
Gott kommt, dass wir lachen, nah!   Amen

Lied: Tochter Zion … (EG 13,1-3)

Bitte lassen Sie uns beten:

Du wohnst bei uns, Gott –
darum bitten wir dich:

Greife Raum und fülle uns aus.
Kehre den Staub fort,
öffne unsere Fenster
und wärme uns,
die wir in kalten Zimmern hausen.
Hilf, Gott,
dass wir uns bei uns selbst beheimatet fühlen!
Wir vertrauen uns dir an und verlassen uns auf dein Wort:

Seht auf und erhebt eure Häupter,
weil sich eure Erlösung naht,
weil sich eure Erlösung naht. (EG 21)

Du wohnst in deiner Welt, Gott –
darum bitten wir dich:
Greife Raum und fülle deine Erde aus.
Beende Krieg und Gewalt
und gib der Hoffnung einen langen Atem,
damit sie sich durchsetzt.
Hilf, Gott,
dass deine Welt ein Haus des Friedens wird!
Wir vertrauen uns dir an und verlassen uns auf dein Wort:

Seht auf und erhebt eure Häupter …

Du wohnst in den Zelten der Flüchtenden, Gott –
darum bitten wir dich:
Greife Raum und fülle die Herzen aus.
Sei mit denen, die voller Furcht sind,
die bang in eine ungewisse Zukunft schauen
und ihr Leben wieder in die Hand nehmen möchten.
Hilf, Gott,
dass sie Heimat finden!
Wir vertrauen uns dir an und verlassen uns auf dein Wort:

Seht auf und erhebt eure Häupter …

Du wohnst in den Herzen der Verzweifelten, Gott –
darum bitten wir dich:
Greife Raum und fülle die müden Seelen aus.
Sei denen nahe, die mutlos durch ihre Tage streichen,
die nicht mehr zu hoffen wagen,
die enttäuscht sind.
Hilf, Gott,
dass spüren, wie du bei ihnen wohnst!
Wir vertrauen uns dir an und verlassen uns auf dein Wort:

Seht auf und erhebt eure Häupter …

Du wohnst in deiner Schöpfung, Gott –
darum bitten wir dich:
Greife Raum und fülle den Weltenraum.
Bewahre, was bedroht ist,
heile die Wunden deiner Schöpfung,
die wir ihr zugefügt haben.
Der Reichtum deiner Wesen soll nicht verloren gehen!
Hilf, Gott,
dass wir Menschen uns besinnen,
und gib uns den Mut zu mutigen Schritten!
Wir vertrauen uns dir an und verlassen uns auf dein Wort:

Seht auf und erhebt eure Häupter …

Du wohnst bei uns, Gott,
du kennst die lichten Zimmer und die düsteren Keller.
In der Stille sagen wir dir,
wo wir deine Gegenwart brauchen:
(Gebetsstille)

Du wohnst bei uns, Gott –
darum bitten wir dich:
Greife Raum und fülle uns aus!
Wir vertrauen uns dir an und verlassen uns auf dein Wort:

Seht auf und erhebt eure Häupter …

Vaterunser

Und der Friede Gottes,
in dem wir zu Hause sind – auch wenn wir es nicht verstehen,
der bewahre eure Herzen und Sinne
in Christus Jesus.
Amen

Lied: Macht hoch die Tür … (EG 1,1.4.5)

Segen:

Gott wohnt bei dir – du bist nicht allein;
Gott wohnt bei dir – du hast es warm;
Gott wohnt bei dir – und begleitet dich,
wenn du vor dein Haus trittst.

So segnet und behütet dich Gott,
der Liebevolle und Lebendige,
Vater, Sohn und Heiliger Geist.

Amen, Amen, Amen

Ogelnachspiel

Christmetten / Christvesper am Heiligen Abend

Lichte Momente – Gottesdienst zum Heiligen Abend

Orgelvorspiel

Votum – **Amen**

(Begrüßung)

Lied: Stern über Bethlehem … (EG 551,1-3)

Der Gott, den es nicht im Himmel hält, der Gott, der uns aufsucht, unser Gott, der sei mit euch – **und mit deinem Geist**

Gott, der lichte, der helle Gott, der taucht uns ein in sein Licht, der umfängt uns, umkleidet uns mit Liebe und Licht!

Gott, der da hieß das Licht aus der Finsternis hervorleuchten (Gebet im Wechsel):

Mache dich auf und werde licht,
mache dich auf und werde licht,
mache dich auf und werde licht,
denn dein Licht kommt! (BEL 545, BT 539)

LiturgIn 1:
Viele sagen: Wer wird uns Gutes sehen lassen?
Gott, lass leuchten über uns das Licht deines Antlitzes! (Psalm 4)

LiturgIn 2:
Gott ist mein Licht und mein Heil;
vor wem sollte ich mich fürchten? (Psalm 27)

LiturgIn 1:
Gott, du hast meine Seele vom Tode errettet,
meine Füße vom Gleiten,
dass ich wandeln kann im Licht der Lebendigen. (Psalm 56)

Gemeinde:
Gott, der da hieß das Licht aus der Finsternis hervorleuchten,
der hat einen hellen Schein in unsere Herzen gegeben.

Mache dich auf und werde licht ...

LiturgIn 1:
Gott bewahrt unsere Seelen –
denen, die nach ihm suchen,
muss das Licht immer wieder aufgehen. (Psalm 97)

LiturgIn 2:
Lobe den Herrn, meine Seele,
Gott, du bist so groß!
Licht ist dein Kleid, das du anhast. (Psalm 104)

LiturgIn 1:
Die sich ihm anvertrauen,
denen geht das Licht auf in der Finsternis:
gnädig, barmherzig und gerecht. (Psalm 112)

Gemeinde:
Gott, der da hieß das Licht aus der Finsternis hervorleuchten,
der hat einen hellen Schein in unsere Herzen gegeben.

Mache dich auf und werde licht …

LiturgIn 1:
Sie werden Schwerter zu Pflugscharen machen,
kein Volk wird sich wider das andere erheben.
Kommt, lasst uns wandeln im Licht des Herrn. (Jesaja 2)

LiturgIn 2:
Das Volk, das im Finstern wandelt,
sieht ein großes Licht,
und über denen, die da wohnen im finsteren Lande,
scheint es hell. (Jesaja 9)

LiturgIn 1:
Die Blinden will ich auf dem Wege leiten,
ich will die Finsternis vor ihnen her
zum Licht machen.
Das alles will ich tun und nicht davon lassen! (Jesaja 42)

Gemeinde:
Gott, der da hieß das Licht aus der Finsternis hervorleuchten,
der hat einen hellen Schein in unsere Herzen gegeben.

Mache dich auf und werde licht …

LiturgIn 1:
Gott besucht uns,
das aufgehende Licht aus der Höhe,
auf dass es aufgehe denen,
die sitzen in Finsternis

und im Schatten des Todes,
und damit es richte unsere Füße
auf den Weg des Friedens. (Lukas 1)

Ehre sei dem Vater …

Bitte beten Sie mit mir:

Ja, Gott, heller, lichter Gott,
ja, das hast du getan:
einen hellen Schein in unsere Herzen gegeben.
Hell leuchtet das Licht von der Weihnacht her –
aber schau, Gott,
manchmal ist es wie bei einer Kerze im Wind:
Der helle Schein flackert bedenklich,
der Lebensmut ist nicht sehr stark,
und manchmal droht der Schein ganz zu erlöschen,
die Sorge bläst ihn schier aus.
Dann, Gott, dann, bitte:
Nimm dich des Scheines an,
bewahre ihn in uns,
und fache ihn neu an,
mit Freude und Zuversicht,
mit deiner Liebe und Wärme!
Hüte den Schein in uns,
damit unsere Augen leuchten
und wir die Hoffnung wagen
auf die große, helle Zukunft,
die du versprichst.
Das bitten wir dich, Gott:
Lass dein Licht leuchten
über uns, in uns, um uns herum!

Kyrie (EG 178.9)

Hören wir auf die Weihnachtsgeschichte, wie Lukas sie uns in seinem Evangelium in Kapitel 2,1-20 erzählt:

Lied oder Sologesang: Dies ist die Nacht, da mir erschienen ... (EG 40,1 – nach Melodie EG 330)

„Es begab sich aber zu der Zeit, dass ein Gebot von dem Kaiser Augustus ausging, dass alle Welt geschätzt würde. Und diese Schätzung war die allererste und geschah zur Zeit, da Quirinius Statthalter in Syrien war. Und jedermann ging, dass er sich schätzen ließe, ein jeglicher in seine Stadt.

Da machte sich auf auch Josef aus Galiläa, aus der Stadt Nazareth, in das judäische Land zur Stadt Davids, die da heißt Bethlehem, darum dass er von dem Hause und Geschlechte Davids war, auf dass er sich schätzen ließe mit Maria, seinem vertrauten Weibe; die war schwanger.

Und als sie daselbst waren, kam die Zeit, dass sie gebären sollte. Und sie gebar ihren ersten Sohn und wickelte ihn in Windeln und legte ihn in eine Krippe; denn sie hatten sonst keinen Raum in der Herberge."

Lied oder Sologesang: Dies ist die Nacht ... (EG 40,2)

„Und es waren Hirten in derselben Gegend auf dem Felde bei den Hürden, die hüteten des Nachts ihre Herde. Und des Herrn Engel trat zu ihnen, und die Klarheit des Herrn leuchtete um sie; und sie fürchteten sich sehr. Und der Engel sprach zu ihnen: Fürchtet euch nicht! Siehe, ich verkündige euch große Freude, die allem Volk widerfahren wird; denn euch ist heute der Heiland geboren, welcher ist Christus, der Herr, in der Stadt Davids. Und das habt zum Zeichen: Ihr werdet finden das Kind in Windeln gewickelt und in einer Krippe liegen. Und alsbald war da bei dem Engel die Menge der himmlischen Heerscharen, die lobten Gott und sprachen: Ehre sei Gott in der Höhe und Friede auf Erden bei den Menschen seines Wohlgefallens."

Lied oder Sologesang: Dies ist die Nacht … (EG 40,3)

„Und da die Engel von ihnen gen Himmel fuhren, sprachen die Hirten untereinander: Lasst uns nun gehen gen Bethlehem und die Geschichte sehen, die da geschehen ist, die uns der Herr kundgetan hat.

Und sie kamen eilend und fanden beide, Maria und Josef, dazu das Kind in der Krippe liegen.

Da sie es aber gesehen hatten, breiteten sie das Wort aus, welches zu ihnen von diesem Kinde gesagt war.

Und alle, vor die es kam, wunderten sich über die Rede, die ihnen die Hirten gesagt hatten.

Maria aber behielt alle diese Worte und bewegte sie in ihrem Herzen. Und die Hirten kehrten wieder um, priesen und lobten Gott für alles, was sie gehört und gesehen hatten, wie denn zu ihnen gesagt war."

Lied oder Sologesang: Dies ist die Nacht … (EG 40,5)

Sprecherin 1:
Fröhlich soll mein Herze springen
dieser Zeit, da vor Freud
alle Engel singen.

SprecherIn 2:
Hört, hört, wie mit vollen Chören
alle Luft laute ruft:
Christus ist geboren!

SprecherIn 1:
Heute geht aus seiner Kammer
Gottes Held, der die Welt
reißt aus allem Jammer.

SprecherIn 2:
Gott wird Mensch dir, Mensch, zugute,
Gottes Kind, das verbind't
sich mit unserm Blute.

SprecherIn 1:
Nun er liegt in seiner Krippen,
ruft zu sich mich und dich,
spricht mit süßen Lippen:

SprecherIn 2:
„Lasset fahrn, o Schwestern, Brüder,
was euch quält, was euch fehlt;
ich bring alles wieder."

SprecherIn 1:
Ei so kommt und lasst uns laufen,
stellt euch ein, groß und klein,
eilt mit großen Haufen!

SprecherIn 2:
Liebt den, der vor Liebe brennet;
schaut den Stern, der euch gern
Licht und Labsal gönnet.
(nach EG 36)

Lied: O du fröhliche ... (EG 44,1-3)

Lichte Momente – Sprechszene:

(5 SprecherInnen im Halbkreis vor dem Altar, schwarze Leinentücher über Kopf und Schultern, jeweils eine „verloschene" Kerze in der Hand, treten einzeln an das Mikrofon)

1:
Mein Name ist Franziska. Ich bin eine aus dem Volk, das im Finstern wandelt.

2:
Mein Name ist Jasmina. Ich bin eine aus dem Volk, das im Finstern wandelt.

3:
Mein Name ist Charlotte. Ich bin eine aus dem Volk, das im Finstern wandelt.

4:
Mein Name ist Karl. Ich bin einer aus dem Volk, das im Finstern wandelt.

5:
Mein Name ist Ruth. Ich bin eine aus dem Volk, das im Finstern wandelt.

1:
Ich bin Franziska. Ich bin alt, gebrechlich. Meine Familie, meine Freunde sind längst tot. Meine Wege sind kurz geworden, die Beine tragen kaum noch. Und ich weiß nicht mehr, warum ich noch lebe. Ich fühle mich allein.

2:
Ich bin Jasmina. Ich bin geflohen – über eine gefährliche Grenze, über ein ödes Land und ein bedrohliches Meer. Hier, wo ich angekommen bin, begegnen mir die Menschen vorsichtig. Ich habe keine Heimat.

3:
Ich bin Charlotte. Ein Kind bin ich – und weil ich ein Kind bin, glauben viele, einfach über meinen Kopf hinweg entscheiden zu können.

Für manche bin ich nur ein Gegenstand – sie missachten, sie gebrauchen mich, sie hören mir nicht zu. Ich habe Angst.

4:
Ich bin Karl. Ich sorge mich um unser Land, um das Miteinander in unserer Gesellschaft. Die Menschen gehen sehr rau um miteinander, viel Hass und Verachtung liegen in der Luft, es werden menschenverachtende Parolen gebrüllt. Kaum einer hört auf den anderen. Ich fürchte um die Zukunft.

5:
Ich bin Ruth. In meinem Land herrscht seit Jahrzehnten ein fürchterlicher Bürgerkrieg. Menschen aus den Völkern Israels und Palästinas begehen Verbrechen aneinander, die Rufe nach Frieden und Gerechtigkeit sind schwach und verhallen, die Welt schaut zu. Ich sehne mich nach Menschen, die sich die Hände reichen.

Kurzes Zwischenspiel (Melodie: Dies ist die Nacht, da mir erschienen ... [EG 40,1])

1:
Ich bin Franziska, gebrechlich und alt. Hat jemand ein Licht für mich, das mich tröstet?

2:
Ich bin Jasmina, geflohen und fremd. Hat jemand ein Licht für mich, das mir zur Heimat werden kann?

3:
Ich bin Charlotte, klein und verletzlich. Hat jemand ein Licht für mich, das mir Geborgenheit gibt?

4:
Ich bin Karl, in Sorge und verzagt. Hat jemand ein Licht für mich, das mich hoffen lässt?

5:
Ich bin Ruth, voller Sehnsucht und Furcht. Hat jemand ein Licht für mich, das mich ermutigt?

Kurzes Zwischenspiel (Melodie: Dies ist die Nacht, da mir erschienen ... [EG 40,1])

LiturgIn:
Wir sind nicht ohne Hoffnung und Trost.
Wir bleiben nicht heimatlos und allein.
Wir können Mut haben!

„Dies ist die Nacht, da mir erschienen
des großen Gottes Freundlichkeit;
das Kind, dem alle Engel dienen,
bringt Licht in meine Dunkelheit."

Kurzes Zwischenspiel (Melodie: Dies ist die Nacht, da mir erschienen ... [EG 40,1])

(Während der Melodie geht ein/e Mitwirkende/r mit einer Kerze [oder Laterne] durch den Mittelgang nach vorne und stellt die Kerze/ Laterne auf einem Tisch ab. Mit einer kleinen Kerze entzündet er/sie die Kerzen in den Händen der SprecherInnen, dann:)

LichtträgerIn (liest ins Mikrofon):

Mache dich auf und werde licht,
mache dich auf und werde licht –

denn dein Licht kommt,
und die Herrlichkeit Gottes geht auf über dir!

Kurzes Zwischenspiel (Melodie: Dies ist die Nacht, da mir erschienen ... [EG 40,1])
(während der Melodie alle ab)

Lied: Hört der Engel helle Lieder ... (EG 54,1-3)

Bitte beten Sie mit uns:

(SprecherInnen entzünden jeweils eine Kerze, sprechen, stellen die Kerze auf dem Tisch ab)

1:
Ich entzünde mein Licht für alle,
in deren Herz die Finsternis wohnt,
die verbittert sind,
die hassen
und sich gegen ihre Wut nicht wehren können.
Ich entzünde dieses Licht, Gott,
und bitte dich:
Vertreib die Finsternis!
Höre uns, Gott,
denn wir sind gewiss:

Weil Gott in tiefster Nacht erschienen,
kann unsre Nacht nicht traurig sein!
(EG 56,1 – erste beide Zeilen)

2:
Ich entzünde mein Licht für alle,
über denen dunkle Wolken hängen,
die vor Trauer und Verzweiflung

kein Licht mehr sehen,
die verzagen, weil sie enttäuscht und verletzt sind.
Ich entzünde dieses Licht, Gott,
und bitte dich:
Vertreib die Finsternis!
Höre uns, Gott,
denn wir sind gewiss:

Weil Gott in tiefster Nacht erschienen ...

3:
Ich entzünde mein Licht für die Schöpfung,
deren Zukunft im Dunkeln liegt,
die seufzt unter der Last der Gefahren.
So viele Pflanzen und Tiere
sind schon verloren gegangen,
die Schönheit des Lebens ist bedroht.
Ich entzünde dieses Licht, Gott,
und bitte dich:
Vertreib die Finsternis!
Höre uns, Gott,
denn wir sind gewiss:

Weil Gott ins tiefster Nacht erschienen ...

4:
Ich entzünde mein Licht für die Kinder,
die dunkle Furcht bedrängt:
die Kinder in Aleppo und Palästina,
die Kinder auf der Flucht und in Flüchtlingslagern,
für misshandelte und missachtete Kinder
überall auf der Welt,
und für die Hungernden, Kranken und Verlassenen.
Ich entzünde dieses Licht, Gott,

und bitte dich:
Vertreib die Finsternis!
Höre uns, Gott,
denn wir sind gewiss:

Weil Gott in tiefster Nacht erschienen ...

LiturgIn:
Ich entzünde mein Licht für uns alle, Gott,
die wir in deinem Licht stehen,
denen du einen hellen Schein in die Herzen gelegt hast.
Hilf uns, zu zehren von deiner Helligkeit,
hilf uns, gelassen zu sein in deiner Wärme,
hilf uns, mutig dein Licht zu denen zu tragen,
die im Schatten leben.
Ich entzünde dieses Licht, Gott,
und danke dir:
Du vertreibst alle Finsternis!
Du hörst uns, Gott, und wir sind gewiss:

Weil Gott in tiefster Nacht erschienen ...

Vaterunser

Und der Friede Gottes,
der in tiefster Nacht erschien,
der alle Dunkelheit erleuchtet,
der bewahre eure Herzen und Sinne
in Christus Jesus.
Amen

Lied: Freu dich, Erd und Sternenzelt ... (EG 47,1-4)

Segen:
Noch manche Nacht wird fallen
auf Menschenleid und -schuld.
Doch wandert nun mit allen
der Stern der Gotteshuld.
Beglänzt von seinem Lichte,
hält uns kein Dunkel mehr,
von Gottes Angesichte
kam uns die Rettung her.

So segnet und behütet uns Gott,
der Liebevolle und Lebendige,
der Vater, Sohn und Heiliger Geist.

Amen, Amen, Amen

Lied: Stille Nacht … (EG 46,1-3)

Orgelnachspiel (Auszug)

Was wirklich geschah – Gottesdienst zum Heiligen Abend

Orgelvorspiel

Votum – **Amen**

(Begrüßung)

Lied: O du fröhliche ... (EG 44,1-3)

Der Gott, der uns nicht allein lässt, der Gott, der zu uns kommt – und Welt und Herz werden hell, unser Gott, der sei mit euch – **und mit deinem Geist**

... Denn er kommt. Psalmgebet im Wechsel, nach Psalm 96:[3]

Lobt Gott, ihr Christen alle gleich ... (EG 27,1)

Singt unserem Gott, singt ihm ein neues Lied,
singt unserem Gott, alle Welt.
    Singt unserem Gott und lobt seinen Namen,
    verkündet von Tag zu Tag sein Heil!

---

3 Kursive Zeilen: Rudolf Alexander Schröder, „Wir harren Christ in dunkler Zeit“, in: Literarische Auslese, Hg. Wolfgang Erk, Radius: Stuttgart 1989, S. 408-409.

Erzählt unter den Völkern von seiner Herrlichkeit,
unter allen Völkern von seinen Wundern!
Betet unseren Gott an, geschmückt und schön,
es achte ihn alle Welt.

Wir harren, Christ, in dunkler Zeit;
gib deinen Stern uns zum Geleit
auf winterlichem Feld.
Du kamest sonst doch Jahr um Jahr,
nimm heut auch unsre Armut wahr
in der verworrnen Welt.

Lobt Gott, ihr Christen alle gleich …

Sagt unter den Völkern: Unser Gott ist groß.
Er hat die Erde geschaffen, dass sie nicht vergeht.
Der Himmel freue sich und die Erde sei fröhlich,
das Meer brause und was darinnen ist,
das Feld sei fröhlich und alles, was darauf wächst,
es sollen jauchzen alle Bäume im Walde,
vor unserem Gott, denn er kommt,
denn er kommt und bringt die Erde zurecht.
Er wird den Erdkreis heilen mit Gerechtigkeit,
und die Völker mit seiner Wahrheit.

Es geht uns nicht um bunten Traum
von Kinderlust und Lichterbaum.
Wir bitten: Blick uns an.
Und lass uns schaun dein Angesicht,
drin jedermann, was ihm gebricht,
gar leicht verschmerzen kann.

Lobt Gott, ihr Christen alle gleich …

Nacht, mehr denn lichte Nacht!
Nacht, lichter als der Tag!
Nacht, heller als die Sonn, in der das Licht geboren.[4]

Ehre sei dem Vater …

Bitte beten Sie mit mir:

Herrlich bist du, mein Gott,
dein Licht strahlt durch die Nacht,
erhellt wird alle Dunkelheit.
Doch, mein Gott, überraschend ist sie,
deine Herrlichkeit,
verblüffend, weil du so klein zu leuchten beginnst.
Du machst dich klein, ganz klein,
damit du hineinpasst in unsere kleine Welt,
in unsere kleinmütigen Herzen,
in unsere engen Stirnen und die geballten Fäuste.
Gott, komm und überrasche uns,
zieh ein bei uns
und erwärme uns mit deinem Licht, deiner Liebe.
Mach uns weit!
Das bitten wir dich, großer, herrlicher, kleiner, strahlender Gott!

Adventskyrie (EG 178.6)

Gott hört uns und er schweigt nicht – und das ist es, was Gott uns zusagt:

Das Volk, das im Finstern wandelt, sieht ein großes Licht.
Denn uns ist ein Kind geboren, ein Sohn ist uns gegeben.

---

4 Textauszug aus: Andreas Gryphius, „Vber die Geburt Jesu“, aus: Sonnette. Das Erste Buch, Johann Lische, Breslau 1658, S. 2.

Ehre sei Gott in der Höhe – **und auf Erden Fried ...**
Lied: Es ist ein Ros entsprungen ... (EG 30,1+2)

Hören wir auf die Weihnachtsgeschichte, wie sie im Evangelium des Lukas überliefert ist, dort im 2. Kapitel, Verse 1-19:

Lied oder Sologesang: Vom Himmel hoch ... (EG 24,1)

„Es begab sich aber zu der Zeit, dass ein Gebot von dem Kaiser Augustus ausging, dass alle Welt geschätzt würde. Und diese Schätzung war die allererste und geschah zur Zeit, da Quirinius Statthalter in Syrien war. Und jedermann ging, dass er sich schätzen ließe, ein jeglicher in seine Stadt. Da machte sich auf auch Josef aus Galiläa, aus der Stadt Nazareth, in das jüdische Land zur Stadt Davids, die da heißt Bethlehem, weil er aus dem Hause und Geschlechte Davids war, auf dass er sich schätzen ließe mit Maria, seinem vertrauten Weibe; die war schwanger. Und als sie daselbst waren, kam die Zeit, dass sie gebären sollte. Und sie gebar ihren ersten Sohn und wickelte ihn in Windeln und legte ihn in eine Krippe; denn sie hatten sonst keinen Raum in der Herberge."

Lied oder Sologesang: Vom Himmel hoch ... (EG 24,1)

„Und es waren Hirten in derselben Gegend auf dem Felde bei den Hürden, die hüteten des Nachts ihre Herde. Und des Herrn Engel trat zu ihnen, und die Klarheit des Herrn leuchtete um sie; und sie fürchteten sich sehr.

Und der Engel sprach zu ihnen: Fürchtet euch nicht! Siehe, ich verkündige euch große Freude, die allem Volk widerfahren wird; denn euch ist heute der Heiland geboren, welcher ist Christus, der Herr, in der Stadt Davids. Und das habt zum Zeichen: Ihr werdet finden das Kind in Windeln gewickelt und in einer Krippe liegen."

Lied oder Sologesang: Vom Himmel hoch … (EG 24,1)

„Und alsbald war da bei dem Engel die Menge der himmlischen Heerscharen, die lobten Gott und sprachen: Ehre sei Gott in der Höhe und Friede auf Erden bei den Menschen seines Wohlgefallens."

Lied oder Sologesang: Vom Himmel hoch … (EG 24,1)

„Und da nun die Engel von ihnen gen Himmel fuhren, sprachen die Hirten untereinander: Lasst uns nun gehen gen Bethlehem und die Geschichte sehen, die da geschehen ist, die uns der Herr kundgetan hat. Und sie kamen eilend und fanden beide, Maria und Josef, dazu das Kind in der Krippe liegen. Als sie es aber gesehen hatten, breiteten sie das Wort aus, das zu ihnen von diesem Kinde gesagt war. Und alle, vor die es kam, wunderten sich über die Rede, die ihnen die Hirten gesagt hatten. Maria aber behielt alle diese Worte und bewegte sie in ihrem Herzen."

Lied oder Sologesang: Vom Himmel hoch … (EG 24,9.11-13)

24. Dezember im Jahre null – Was wirklich geschah! – Sprechszene

LiturgIn:
Geht Ihnen das auch so?

Ich höre diese Geschichte, die Weihnachtsgeschichte nach Lukas, unglaublich gerne. Sie ist so vertraut, sie ruft tausend Bilder hervor, Krippendarstellungen aus vielen Jahrhunderten, ich denke an große Oratorien von Bach und kitschige Weihnachtslieder aus Pop und Folklore. Irgendwie anheimelnd das alles, da kommt wieder etwas von Kinderaugenleuchten in meinen Blick. Zu anderen Zeiten regt mich das auf, am Heiligen Abend stimme ich einfach ein.

Wobei – es gäbe natürlich Anlass, misstrauisch zu sein! Diese ganze schöne Geschichte ist – genau betrachtet – ein großes Kunstwerk. Als Lukas, der Evangelist sie schrieb, war es ihm nicht um historische Genauigkeit zu tun. Klar war, wenn einer der Messias, der Christus sein sollte, dann musste er, alten Verheißungen gemäß, in Bethlehem geboren sein. Jesus stammte aber doch eigentlich aus Nazareth; da dachte sich Lukas den Trick mit der Volkszählung aus, die es tatsächlich gegeben hatte, aber zu anderer Zeit, in anderer Form. Engel und Hirten erfand sich Lukas dazu, damit die Himmlischen und die Irdischen vertreten seien, Ochs und Esel stammen aus der späteren christlichen Tradition – und dass das Ganze im Winter vonstattengeht, das haben wir Abendländer uns ausgedacht, wegen der Wintersonnenwende – und weil frierende Hirten zur Nacht uns näher sind als schwitzende.

Was also ist damals tatsächlich geschehen, wie hat sich die Weihnacht tatsächlich ereignet?

Am besten, wir fragen mal die, die dabei waren!

(Maria und Josef treten auf)

LiturgIn:
Guten Abend, Maria. Guten Abend, Josef.

Josef:
Guten Abend.

Maria:
Guten Abend.

LiturgIn:
Sagt mal, ihr beiden, ihr wart doch damals dabei – na ja, und recht ordentlich beteiligt daran, dass der Messias, dass Jesus geboren wurde. Sagt, wie habt ihr diese Nacht erlebt?

Maria:
Wie, erlebt? Das ist eine sehr seltsame Frage ... Wie soll eine Frau, die guter Hoffnung ist und niederkommt, das schon erleben?

Josef:
Na, zuerst war es mühsam. Wir haben ja kein Zimmer mehr gefunden – auf Stroh ist unser Erster geboren worden.

Maria:
Ja, und das hat erst sehr wehgetan, und dann war es ganz wundervoll, ihn in den Armen zu halten, ihn zu sehen.

Josef:
Er ist doch auch ein hübsches Kind, oder?

LiturgIn:
O ja, Josef, natürlich! Ein hübscher Knabe.
Aber sagt mal, hat euch das ganze Drumherum nicht gestört?

Josef:
Welches Drumherum? Ich meine, wir hatten doch mit dem Kleinen genug zu tun. Ich hab ihn in eine alte Decke gewickelt, hab ihn behutsam – du weißt, Männer können sehr behutsam sein – in die Futterkrippe gelegt.

Maria:
Gleich nach der Geburt hat er kräftig geschrien, Josef hat ihm die Nabelschnur durchtrennt – und bald ist er eingeschlafen, ganz friedlich. Ich dann wohl auch. Es war so ruhig im Stall – und die Geburt war anstrengend genug.

LiturgIn:
Es war ruhig im Stall? Ich habe gehört ...

Josef:
Doch, es war ganz still und dunkel. Die Nacht war sehr bewölkt. Ich hab den Schlaf der beiden bewacht und gegen morgen bin ich dann auch eingenickt.

(Maria und Josef ab)

LiturgIn:
Aha? Eine sternlose, bewölkte Nacht? Aber da soll es doch nur so gefunkelt haben; und über dem Stall stand der Stern?

(Stern von Bethlehem tritt auf)

LiturgIn:
Du, Stern von Bethlehem, was war da los?

Stern:
Was fragst du mich das, ich war doch gar nicht dabei!

LiturgIn:
Wie, du warst nicht dabei?

Stern:
Nein, ich hatte andere Kreise zu ziehen, ich war beschäftigt, so zwischen Jupiter und Saturn, da blieb mir für die kleine Erde keine Zeit – so gerne ich sie besuche ab und zu, alle paar Jahrtausende.

Du musst schon entschuldigen, aber an diese eine Nacht – wann soll das gewesen sein?

LiturgIn:
24. Dezember im Jahre null, Christi Geburt.

Stern:
Nee, also daran kann ich mich beim besten Willen nicht erinnern. Gibt's da nicht noch andere, die dabei waren?

LiturgIn:
Doch, danke, Stern von ... na ja, jedenfalls nicht von Bethlehem. Doch, da sind noch der Ochs und der Esel.

(Stern ab, Ochse und Esel treten auf)

LiturgIn:
Hallo, ihr beiden!

Ochs und Esel:
Hallo!

LiturgIn:
Sagt mal, damals in der Heiligen Nacht, als Jesus geboren wurde, als die Hirten herbeikamen und der Stern, na, also: der Stern nicht geleuchtet hat, was ist euch da denn durch die tierischen Köpfe gegangen?

Esel:
Hä?

Ochs:
Durch den Kopf gegangen?

Esel:
Wieso denn?

LiturgIn:
Aber das muss doch schon ein Ereignis im Esels- und im Ochsenleben sein, wenn ein Kind, der Messias sogar, im eigenen Stall geboren wird.

Esel:
Du, mit der ganzen Sache haben wir nichts zu tun.

Ochs:
Welchen Stall auch immer du meinst – unserer war es nicht.
Der steht wo ganz anders.

Esel:
Weißt du, wer Ochs und Esel im Stall stehen hatte, der zählte damals ganz gewiss nicht zu den armen Leuten, und der würde die Ruhe seines Viehs bestimmt nicht von ein paar hergelaufenen Bettlern stören lassen.

Ochs:
Von einer Geburt im unserem Stall ...

Esel:
... wissen wir jedenfalls nichts.

Ochs:
Genau!

LiturgIn:
Ja, vielen Dank. Da bin ich wohl an der falschen Adresse. Tut mir leid!

(Ochs und Esel ab)

LiturgIn:
Aber wer könnte mir denn sonst noch Auskunft geben? Ich bin da schon etwas entmutigt.
Mal sehen, was die Hirten sagen.

(Hirte tritt auf)

LiturgIn:
Guten Abend, Simon, alter Hirte. Was machen die Knochen?

Hirte:
Na ja, es schmerzt etwas in den Gelenken, aber sonst hab ich mich gut gehalten. Im Kopf bin ich noch ganz klar, zum Glück!

LiturgIn:
Ja, sehr gut, deshalb wollte ich dich auch etwas fragen.

Hirte:
Schieß los!

LiturgIn:
Du, wie war das damals, in der einen Nacht, am 24. Dezember, du weißt schon. Du und deine Kollegen, ihr wart auf dem Felde bei den Hürden und hütetet des Nachts eure Herde ...

Hirte:
Mann o Mann, du drückst dich ja ganz schon geschwollen aus!

Nix war los in dieser Nacht, wie in fast jeder Nacht nix los ist. Heiß war's halt – und wir haben gepennt.

LiturgIn:
Ja, klar, ihr habt geschlafen, aber dann erschien auf einmal der Engel ...

Hirte:
So ein Quatsch, ein Engel. Wer erzählt denn so was?

Unsereinem erscheinen keine Engel. Die kümmern sich nicht um Leute wie uns. Komm, lass mich in Ruh mit dem Geschwätz!

(Hirte ab)

LiturgIn:
Oha! Das war ja wohl daneben.
Da muss ich den Engel selber fragen!

(Engel tritt auf)

Engel:
Ja, hier zur Stelle, stets zu Diensten.

LiturgIn:
Hey, du bist aber schnell!

Engel:
Na klar, wer einen Engel ruft, der kriegt auch einen, sofort, stehenden Fußes!

LiturgIn:
Ah ja. Und wie war das damals, in der Heiligen Nacht?

Engel:
Heilige Nacht? Heilige Nacht? Ich weiß jetzt nicht ganz genau, was du meinst?

LiturgIn:
Na damals, Engel! Die heilige Nacht! In der Jesus geboren wurde – da warst du doch voll in Aktion, du und die ganzen himmlischen Heerscharen. Du hattest eine Botschaft auszurichten und die hunderttausend anderen haben Hosianna gesungen! Meine Güte, das war dein wichtigster Auftrag, daran musst du dich doch erinnern!

Engel:
Also, das tut mir jetzt arg leid. Engel kommen immer, wenn sie gerufen werden, das hab ich ja schon gesagt. Aber damals, in dieser einen Nacht ... Du, da sind wir wohl nicht gerufen worden.

Ich war jedenfalls gerade anderswo beschäftigt, ich glaube, ich hab zwei Kindern über eine wackelige Brücke geholfen, und ganz weit im Osten, in China, fand ein Vogel sein Nest nicht mehr, dem hab ich den Weg gezeigt.

LiturgIn:
Ach Mensch, du kannst mir also auch nicht helfen. Und ich dachte, Gott hätte dich beauftragt.

Engel:
Gott, nee... Du, der war in der Nacht gar nicht da.

Ja, genau, daran erinnere ich mich: Der Thron stand leer, und wir haben uns gefragt, wo er denn jetzt schon wieder hin ist. Gott macht ja immer mal seine Ausflüge – uns sagt er nie, wohin.

LiturgIn:
Vielen Dank, Engel.
Jetzt bin ich doch ratlos.

Engel:
Tut mir leid. Sonst helfe ich gerne, wo ich nur kann, aber da muss ich passen!

(Engel ab)

LiturgIn:
Was ist da passiert? Was ist da denn wirklich passiert?

Wenn Maria und Josef, Ochs und Esel, Hirte und Engel mir's nicht sagen können, wer weiß es denn dann?

(alle nehmen Platz)

Ansprache

Keiner war da! Haben Sie das gehört? Klar, Maria, Josef, das Kind in der Krippe – aber sonst war's dann doch eher stille Nacht im wahrsten Sinne: kein Engelsgesang, kein Schafsgeblök, kein Hirtengemurmel. Stille, kalte, schweigsame Nacht.

Keiner da! Ich glaube, wir kennen das! Wir haben auch solche Nächte oder Tage, an denen keiner da ist.

Kein Engel zum Schutz, keine Eltern zum Trost, kein Ochs und kein Esel für die Wärme, keine Hirten mit ihrer Aufmerksamkeit und Neugierde, kein Stern zum Geleit. Solche Nächte gibt es und solche Tage auch; die tun weh.

Die kennen wir und die kennt das hungernde Kind im Jemen, die verängstigte Mutter in Syrien, der ratlose Rohingiya-Vater in Bangladesch, der Flüchtende auf dem Meer, der schwermütige Mann im Nachbarhaus, die vereinsamte alte Frau, das vernachlässigte Mädchen.

Und weil es sie gibt, solche Nächte und solche Tage auch, weil wir Menschen schutzlos sein können, verletzt und bedroht, darum kommt Gott und wird Mensch. Er lässt uns nicht allein. Das ist der tiefe Grund der Geburt im Stall, der Heiligen Nacht, das ist es, was damals wirklich geschah – Gott will uns nicht alleine lassen, weil er uns liebt. Und wer liebt, der muss bei dem sein, den er liebt; wer liebt, kann nicht abseitsstehen, kann den Geliebten nicht seinem Schicksal überlassen und sich abwenden.

Nein, Gott wendet sich zu, so sehr, dass er sich gleichmacht, dass er Kälte und Schweigen, Stille und Schmerz teilt, dass er mit uns Menschen teilt, was uns bedrängt und bedroht.

Ab jetzt, ab heute, seit der Heiligen Nacht, ist immer einer da, ist immer einer da für uns, für alle, die ein menschliches Antlitz tragen. Ab heute ist keiner mehr allein.

Fröhlich soll mein Herze springen
dieser Zeit, da vor Freud
alle Engel singen.
Hört, hört, wie mit vollen Chören
alle Luft laute ruft:
Christus ist geboren!

Heute geht aus seiner Kammer
Gottes Held, der die Welt
reißt aus allem Jammer.
Gott wird Mensch dir, Mensch, zugute.

So hat es, ergriffen und befreit, Paul Gerhardt in seinem Weihnachtslied gedichtet.
Gott wird Mensch dir, Mensch, zugute.
Es braucht dazu keine Legenden, keinen Goldgrund, keine Zauberei.
Gott wird Mensch, uns zugute.
Darin liegt die unumstößliche Zusage: Keine und keiner ist allein. Und darin liegt die herausfordernde Aufgabe: Keiner lässt keinen allein. Ist Gott da, dann sind wir frei und fähig, füreinander da zu sein. Denn Gott ist zu allen gekommen, nicht nur zu uns, nicht nur zu denen, die heute feiern können ohne Not und Sorge, ohne Furcht um den nächsten Tag.
Keiner lässt keinen allein.
Ergriffen und befreit von diesem „Gott wird Mensch dir, Mensch, zugute" können wir anderen sein, was sie brauchen: Engel für den Schutz, Sterne zum Trost, aufmerksame Hirten, Ochs und Esel für lebendige Nähe und Wärme. Gott wird Mensch – und Menschen werden Menschen, ihren Mitmenschen zugute.
Amen

Lied: Ich steh an deiner Krippen hier ... (EG 37,1-4.7-9)

Bitte lassen Sie uns beten:

Gott, du bist da!
Du bist da, wo Menschen hoffen.
Wir hoffen auf eine geheilte Welt,
auf Zukunft für deine Schöpfung.
Lass unsere Hoffnung nicht zuschanden werden.
Wir vertrauen dir, Gott:

Die Nacht ist vorgedrungen, der Tag ist nicht mehr fern;
So sei nun Lob gesungen dem hellen Morgenstern.
(EG 16, Zeilen 1-3)

Gott, du bist da!
Du bist da, wo Menschen weinen.
Wir weinen um die Opfer der Bürgerkriege,
der Terroranschläge,
um die Getöteten, die Versehrten und Verängstigten.
Friede soll werden, Gott,
trockne die Tränen.
Wir vertrauen dir, Gott:

Die Nacht ist vorgedrungen, der Tag ist nicht mehr fern …

Gott, du bist da!
Du bist da, wo Menschen lachen.
Wir lachen mit den Verliebten und den Liebenden,
wir freuen uns, wenn Menschen Lust am Leben haben
und sich an den großen und den kleinen Dingen freuen können.
Behalte den Lachenden ihr Lachen!
Wir vertrauen dir, Gott:

Die Nacht ist vorgedrungen, der Tag ist nicht mehr fern …

Gott, du bist da!
Du bist da, wo Menschen träumen!
Wir träumen, Gott,
von einer Welt ohne Gewalt,
von Menschen, die sich die Hand reichen,
von geheilten Wunden und lebendiger Liebe,
von einer Schöpfung,
die nicht mehr seufzen muss.
Mach unsere Träume wahr!

Wir vertrauen dir, Gott!

Die Nacht ist vorgedrungen, der Tag ist nicht mehr fern …

Gott, du bist da!
Du bist da, wo Menschen alleine sind.
Wir denken an die, die heute einsam bleiben,
weil niemand sie besucht.
Die einsam sind in ihren Herzen,
die nicht mehr zu lieben wagen.
Wir denken an die, für die heute keine heilige Nacht ist.
Sei du ihr Freund
und schließe unsere Herzen auf.
Wir vertrauen dir, Gott:

Die Nacht ist vorgedrungen, der Tag ist nicht mehr fern …

Gott, du bist da!
Du bist da, Tag und Nacht, heute und allezeit.
In der Stille sagen wir dir, was uns persönlich bewegt:
(Gebetsstille)

Gott, du bist da.
Für alle, die wir lieben
und die du uns anvertraut hast,
und für uns selbst
vertrauen wir dir, Gott:

Die Nacht ist vorgedrungen, der Tag ist nicht mehr fern …

Vaterunser

Und der Friede Gottes,
der höher ist als unser Begreifen und Ahnen,

als unser Glauben und Fühlen,
der bewahre eure Herzen und Sinne
in Christus Jesus.
Amen

Geht in diesen Abend und in diese Heilige Nacht
im Segen und im Frieden unseres Gottes.

Segen:

Gott wird Mensch dir, Mensch, zugute,
drum sei guten Mutes,
mach dein Herz auf,
du musst nichts fürchten,
du kannst ein Mensch sein unter Menschen.

So segnet und behütet dich Gott,
der Liebevolle und Lebendige,
der Vater, der Sohn und der Heilige Geist.

Amen, Amen, Amen

Lied: Stille Nacht ... (EG 46,1-3)

Orgelmusik zum Auszug

Sein Federhaus so leicht – Christmette zum Heiligen Abend

Orgelvorspiel

Lied: Fröhlich soll mein Herze springen … (EG 36,1.2.6)

Votum – **Amen**

Und als alles stille war und ruhte und als es eben Mitternacht war,
da fuhr vom Himmel herab dein mächtiges Wort.

Und der Engel sprach: Fürchtet euch nicht! Siehe, ich verkündige euch
große Freude, die allem Volk wiederfahren wird.

Lied: Hört der Engel helle Lieder … (EG 54,1-3)

Die Engel, liebe Gemeinde,
die Engel gehören zu Weihnacht. Lukas erzählt, wie Gabriel in Marias Stube tritt und die Geburt Jesu ankündet, Josef träumt vom Engel und steht zu seiner jungen Verlobten, der Engel begleitet das Paar auf dem schweren Weg nach Bethlehem, die Engel besingen Christi Geburt.

Wir werden stille und lauschen auf die Engel in dieser Heiligen Nacht, wir hören, wie die Hirten es taten. In Wort und Bild und Gesang treten sie zu uns, die Engel, und verkünden uns die Botschaft von der Furchtlosigkeit.

Beten wir miteinander einen Engelspsalm – nach Psalm 91:

Wer unter dem Schirm unseres Gottes sitzt
und unter dem kühlen Schatten des Liebenden bleibt,
der spricht: Du, Gott, meine Zuversicht und meine Burg,
mein Gott, auf den ich hoffe.
Denn er errettet dich von Hetze und Jagd
und von der verderblichen Pest.
Er wird dich mit seinen Fittichen decken,
und Zuflucht wirst du haben unter seinen Flügeln.
Du musst nicht erschrecken vor dem Grauen der Nacht,
vor den Pfeilen, die des Tages fliegen,
vor der Pest, die im Finstern schleicht,
vor der Seuche, die am Mittag Verderben bringt.
Denn der Herr ist deine Zuversicht,
der Höchste ist deine Zuflucht.
Es wird dir kein Übel begegnen
und keine Plage wird sich deinem Hause nahen.
Denn er hat seinen Engeln befohlen,
dass sie dich behüten auf allen deinen Wegen,
dass sie dich auf den Händen tragen
und du deinen Fuß nicht an einen Stein stoßest.

Ehre sei dem Vater ...

Lied: Jauchzet, ihr Himmel ... (EG 41,1-2)

Die Engel, der Engel – Symbol der Gottesnähe,
Bild der Zärtlichkeit und Menschenfreundlichkeit unseres Gottes,
die Engel, der Engel – vollkommene Wesen,
leichtfüßig, leichtflüglig,
die sind, was wir einmal sein werden,
beglückt von Gott,
beglänzt von seinem Licht.

Engel, das sind die, die vor Gott unsere Sehnsucht aussprechen.

Rainer Maria Rilke schrieb in seinem Stundenbuch:

Gott, du bist groß.

Du bist so groß, dass ich schon nicht mehr bin,
wenn ich mich nur in deine Nähe stelle.
Du bist so dunkel; meine kleine Helle
an deinem Saum hat keinen Sinn.
Dein Wille geht wie eine Welle
und jeder Tag ertrinkt darin.

Nur meine Sehnsucht ragt dir bis ans Kinn
und steht vor dir wie aller Engel größter:
ein fremder, bleicher und noch unerlöster,
und hält dir seine Flügel hin.[5]

Das kleine, große Wiegenlied von Sehnsucht und Traum, das kennen wir alle, das Wiegenlied von Johannes Brahms:

Guten Abend, gut Nacht,
von Englein bewacht,
die zeigen im Traum
dir Christleins Baum.
Schlaf nur selig und süß,
schau im Traum's Paradies,
schlaf nur selig und süß,
schau im Traum's Paradies.[6]

---

5 Textauszug aus: Rainer Maria Rilke, Die Gedichte. Insel Verlag, Frankfurt am Main 1986, S. 215.

6 Johannes Brahms, „Gute Nacht, mein Kind!" aus: Des Knaben Wunderhorn. Alte deutsche Lieder, Hg. Achim von Arnim und Clemens Brentano, Band 3, Mohr und Zimmer, Heidelberg 1808, Anhang: Kinderlieder, S. 68.

Der Schutzengel, Bild unseres Verlangens, bewahrt zu sein, getrost leben zu können, wir selbst und die, die uns anvertraut sind. Hätten wir doch Augen für Engel!

Nelly Sachs beklagt das:

Ihr Ungeübten,
die in den Nächten nichts lernen.
Viele Engel sind euch gegeben
aber ihr seht sie nicht.[7]

Wir sehen sie nicht, aber fühlen sie vielleicht? Fühlen die Engel vage und zaghaft:

dir zur seite

wer ist er
der dich flüsternd einschließt
in sein federhaus
so leicht

wer ist er
der dir worte gibt
wie gold
doch wägt er nicht

wer ist er
der im augenwinkel geht
sehr achtsam

---

7 Textauszug aus: Nelly Sachs, Chor der Wolken, in: dieselbe, Werke. Kommentierte Ausgabe in vier Bänden. Herausgegeben von Aris Fioretos, Band 1: Gedichte 1940-1950. Herausgegeben von Matthias Weichelt. © Suhrkamp Verlag Berlin 2010.

doch schaust du nicht
damit er bleibe
und vor schreck nicht schweige
nicht verstumme

brauchst ihn
brauchst
sein lichtes wispern
in der nacht
(Thomas Weiß)

Ob diese eine Nacht, die Nacht der Nächte, ob die Heilige Nacht uns lehren kann, Engel zu sehen, Sehnsucht zu leben, uns aufzutun für den bewahrenden, schützenden Gott?

Der Weihnachtsengel spricht:

Fürchtet euch nicht!
Siehe, ich verkündige euch große Freude,
die allem Volk wiederfahren wird;
denn euch ist heute der Heiland geboren,
welcher ist Christus, der Herr, in der Stadt Davids.

Und das habt zum Zeichen:
Ihr werdet finden das Kind
in Windeln gewickelt
und in einer Krippe liegen.

Und alsbald war da bei dem Engel
Die Menge der himmlischen Heerscharen,
die lobten Gott und sprachen:
Ehre sei Gott in der Höhe
und Friede auf Erden
und den Menschen ein Wohlgefallen.

Lied: Hört der Engel helle Lieder … (EG 54,1.3)

(Lichtbild Engel an)

Komm, komm, mein Engel,
sing mir ein Lied,
wie du damals gesungen hast,
in der dunklen Nacht,
an der Krippe, unter dem Stern.

Lied oder Sologesang: Vom Himmel hoch … (EG 24,1-2)

Freud und Wonne, mein Engel,
Freud und Wonne höre ich.
Doch schau, mein Engel:
Du siehst mich freudlos,
du siehst mich nächtig,
Dunkel wohnt im Herzen,
meine Hoffnung zerschellt an den Wolken.

Komm, komm, mein Engel,
sing mir ein leuchtendes Lied.

Lied oder Sologesang: Er bringt euch alle Seligkeit … (EG 24,4-6)

Fröhlich sein, mein Engel,
fröhlich sein will ich gerne.
Spür nur, wie mein Herz pocht,
wie es wartet darauf,
befreit zu werden,
wie es sich sehnt nach einem Lachen,
einem Lufthauch Liebe.
Aufleben will mein Herz,
aufleben will ich.

Komm, mein Engel, komm,
sing mir hoffnungsfröhliches Lied.

Lied oder Sologesang: Merk auf, mein Herz ... (EG 24,7)

Liebe, mein Engel,
sing mir und sage mir:
Liebt er mich?
Das Jesulein, der menschgewordene Gott?
Ist er geworden wie ich,
mit all der Furcht, mit den Träumen,
mit der Menschenlust und der Menschenfurcht,
ist er ein Mensch geworden, das Jesulein,
dass ich Menschlein nicht mehr einsam sei?

Komm, komm, mein Engel,
sing mir ein Lied vom liebenden Gott.

Lied oder Sologesang: Ach Herr, du Schöpfer aller Ding ... (EG 24,9.11.12)

Dann ist es wahr, mein Engel,
dann ist es wahr, dass er mein Gott ist,
dass keine Nacht mehr dunkel bleibt,
dass ich ganz frei und keiner Macht Gefangener bin.
Er hilft, und meine Träume werden gehört.
Er hilft, und ein Lied durchbricht mein Schweigen.
Er hilft, und die Kälte verfliegt.

Komm, komm, mein Engel,
besinge den menschenfreundlichen Gott,
und sag ihm:
Ich lade ihn ein!

Lied oder Sologesang: Ach mein herzliebes Jesulein ... (EG 24,13-15)

Instrumentalmusik (kurze, leise Variation zu „Vom Himmel hoch ...")

(Lichtbild Engel aus)

Bitte lassen Sie uns beten miteinander:

Gott, in dieser Heiligen Nacht:
Öffne meine Ohren,
dass ich den Engeln lauschen kann,
öffne mein Herz,
dass ihre Stimmen schwingen darin,
dass ich durchdrungen werden von Frieden und Licht.
Öffne meine Hände,
dass ich zum Engel werde
für die Menschen um mich her,
die weinen, hoffen, sehnen wie ich selbst.
Öffne mir den Mund,
dass ich dir Lieder singe,
leise Lieder von einem Lächeln, einem stillen Glück,
und große Lieder, von Lachen und Jubel,
von der Liebe, die du schenkst,
und die nicht enden wird in Ewigkeit.
Gott, öffne mir die Sinne,
dass ich den Gesang der Engel höre,
dass ich den Duft des offenen Himmels rieche,
dass ich deine Liebe schmecke,
dass ich das Licht in der Nacht finde,
dass ich fühle, wie nah du bist.

Vaterunser

Und der Friede Gottes,
der höher ist als unser Fühlen und Schmecken,
unser Sehen und Hören,
der bewahre eure Herzen und Sinne
in Christus Jesus.
Amen

Lied: Stille Nacht ... (EG 46,1-3)

Geht in diese Nacht im Segen und im Frieden unseres Gottes:
(nach Paul Gerhardt: Nun ruhen alle Wälder ...)

Breit aus die Flügel beide,
o Jesu, meine Freude,
und nimm mich herzlich ein.
Will Trübsal mich verschlingen,
so lass die Englein singen:
„Dies Kind soll unverletzet sein!"

Auch euch, ihr meine Lieben,
soll heute nicht betrüben
kein Unfall noch Gefahr.
Gott lass euch selig rasten,
nehm euch die schweren Lasten,
bewahr euch mit der Engel Schar.

So segne und behüte euch Gott,
der Liebevolle und Lebendige,
der Vater, der Sohn und der Heilige Geist.

Amen, Amen, Amen

Orgelimprovisation oder Sologesang: Abends, wenn ich schlafen geh …

(Abendsegen aus Hänsel und Gretel, E. Humperdinck)

Gottesdienste und Predigten zum ersten Weihnachtsfeiertag

Alle gleich – Abendgottesdienst zum 1. Weihnachtsfeiertag

Orgelvorspiel

Lied: Zu Bethlehem geboren ... (EG 32,1-4)

Votum – **Amen**

(Begrüßung)

Der Gott, der uns zur Freude Grund gibt, der erfreuliche Gott, unser Gott, der sei mit euch – **und mit deinem Geist**

Gebet und Gesang im Wechsel:

Gelobet seist du, Jesu Christ,
dass du Mensch geboren bist
von einer Jungfrau, das ist wahr;
des freuet sich der Engel Schar.
Kyrieleis. (EG 23,1)

Den frierenden Hirten,
den Armen, Verirrten:
Lass leuchten dein Licht!

Den bitteren Alten,
den Harten, den Kalten:
Lass leuchten dein Licht!

Den trostlosen Kranken,
die weinen, die wanken:
Lass leuchten dein Licht!

Den wartenden Stummen,
den Lahmen, den Krummen:
Lass leuchten dein Licht!

Alle:
Dein Licht ist's,
nach dem ich mich sehne.
Dein Licht,
damit meine Tage überstrahlt sind
von einer Hoffnung,
die nicht zu schnell verblasst!

Den aller Welt Kreis nie beschloss,
der liegt in Marien Schoß;
er ist ein Kindlein worden klein,
der alle Ding erhält allein.
Kyrieleis. (EG 23,3)

Den herzlosen Schlächtern,
den Menschenverächtern:
Lass leuchten dein Licht!

Den ängstlichen Kleinen,
den Kindern, den deinen:
Lass leuchten dein Licht!

Den traurigen Walen,
den Wäldern, den kahlen:
Lass leuchten dein Licht.

Den himmlischen Scharen,
den Weisen, die fahren:
Lass leuchten dein Licht.

Alle:
Dein Licht ist's,
nach dem ich mich sehne.
Dein Licht,
damit meine Seele erwärmt wird
und vertrieben wird
der kalte Schatten der Angst!

Das ewig Licht geht da herein
gibt der Welt ein neuen Schein;
es leucht wohl mitten in der Nacht
und uns des Lichtes Kinder macht.
Kyreieleis (EG 23,4)

Im dürftigen Stalle,
in der Erdenhalle:
Lass leuchten dein Licht!

Alle:
Dein Licht ist's,
nach dem ich mich sehne.
Dein Licht,
damit meine trüben Augen aufhellen
und ich all die Schönheit sehe,
mit der du mich überraschst.

Das hat er alles uns getan
sein groß Lieb zu zeigen an.
Des freu sich alle Christenheit
und dank ihm des in Ewigkeit.
Kyrieleis (EG 23,7)

Was wir singen und sagen,
was wir stottern und schweigen –
all das hört Gott
und lässt es nicht verloren sein.
Das ist es, was er uns zusagt:

Uns ist ein Kind geboren, ein Sohn ist uns gegeben
und die Herrschaft ruht auf seiner Schulter.
Er heißt:
Wunderrat, Gott-Held, Ewig-Vater, Friedefürst,
auf dass seine Herrschaft groß werde
und des Friedens kein Ende.

Ehre sei Gott in der Höhe – **und auf Erden Fried …**

Lied: Hört der Engel helle Lieder … (EG 54,1.3)

Lesung: Micha 5,1-4

Meine Augen haben den Heiland gesehen,
das Heil, das du bereitest hast vor allen Völkern.
Halleluja

Halleluja …

Lied: Lobt Gott, ihr Christen, alle gleich … (EG 27,1)

Natürlich geht Ihnen das ganz anders, aber ich erwische mich schon dabei: Da singe ich fröhlich vor mich hin, Weihnachtslied nach Weihnachtslied, weil die Melodien halt so schön sind und Sang und Klang so traulich und gewohnt – aber ich achte nicht wirklich darauf, was ich da eigentlich singe. In ihrer Wortwahl sind die alten Lieder ja nicht gerade zimperlich, sie kommen mit einem Wortschatz daher, der nicht eben zu unserem alltäglichen Sprachgebrauch gehört. Oder wer sagt heut noch, dass er eine „gute neue Mär“ habe, wenn er den aktuellen Tratsch zum Besten gibt? Wer weiß noch, was es bedeutet, dass die Ros', die da entsprungen ist, von „Jesses Art“ war – also: Ich kenn keinen Jesse, von welcher Art auch immer ... Und selbst die „Stille Nacht“ wartet doch mit Wortungetümen auf, die nur schwer verdaulich sind – oder gehören „traute, hochheilige“ Paare und „holde“ Knaben „im lockigen Haar“, Gottessöhne, die „o wie“ heißen, zu Ihren Alltagerfahrungen?

Drum habe ich mir vorgenommen: Bevor ich sie heuer beherzt und unbedarft singe, schau ich mir die Weihnachtslieder mal genauer an. Was sagen die eigentlich? Von welcher Botschaft wird da gesungen?

Singen wir die erste Strophe doch gerade noch einmal:

Lobt Gott, ihr Christen, alle gleich ... (EG 27,1)

Verstehen Sie das? Klar, Gott loben, das krieg ich noch hin. Und dass wir Christen und Christinnen das tun sollen, begreif ich auch. Aber was heißt denn „alle gleich“? Da gibt es ja mehrere Möglichkeiten!
Und ich spiele die jetzt mal durch:

„Lobt Gott, ihr Christen, alle gleich“ – das könnte heißen: Lobt ihn – aber sofort! Lobt ihn *stante pede*, ohne Aufschub, lobt ihn sogleich. Das ist gar kein so dummer Vorschlag: Lieber Gott loben, solang es noch Weihnachten ist, solang die Lichter noch glänzen und solang wir uns noch etwas einkuscheln können in Sternenlicht und Stallidylle. Denn wenn ich den Blick hebe, dann finde ich nicht ganz so viele Gründe, Gott in Bausch und Bogen und über den Klee zu loben. So viel Engelsgesang und „Friede auf Erden“ lässt sich gerade nicht ausmachen in diesen trüben Zeiten, oder? „Gott loben – und zwar gleich!“ – das kann ein Ausdruck der Sehnsucht und der Verzweiflung sein. Gestern und heute ging's ein bisschen ruhiger zu, da sage ich artig „Danke, lieber Herrgott“, bevor ich mich wieder den Unbilden des Alltags und dem Unglück der Welt zuwenden muss.

Doch diese Lobeshymneneile, diese Schnellschuss-Gotteslobhudelei, die die Augen vor den Nöten lieber verschließt, die meint das Weihnachtslied ganz sicher nicht. Singen wir doch einmal die zweite Strophe!

Er kommt aus seines Vaters Schoß ... (EG 27,2)

„Elend, nackt und bloß“ – das ist Gott nicht fremd. „Alle gleich“ heißt also sicher nicht: „aber sofort!“.

„Alle gleich“ könnte auch meinen: Alle auf die gleiche Weise. Lobt Gott, ihr Christen, einmütig, einförmig, gleichen Sinnes und auf gleiche Art.

Au weh, da sieht es ja übel aus! Für die Evangelischen ist der Heilige Abend im Lauf der Jahrhunderte zum wichtigsten Weihnachtsfeiertag geworden, in der katholischen Kirche wird der 1. Christtag, heute, mit besonderem Glanz begangen – und die Orthodoxen feiern Jesu Geburt sowieso an einem anderen Termin: am Epiphaniastag, am 6. Januar. Wie die vielen Kirchen weltweit die Weihnacht feiern, ist höchst unterschiedlich, hochkirchlich-liturgisch wie die anglikanische Kirche, lobpreisjubelnd wie die charismatischen Freikirchen, bedächtig wie die guten Protestanten oder mit Trommeln und Tanz wie afrikanische Kirchen – je nach Kultur und theologischer Tradition ist das ganz und gar verschieden. Und denken wir nur, wie jeweils anders wir persönlich die Weihnacht verstehen: als beschauliches Familienfest oder als Aufruf zu radikaler Nachfolge in der Armut Gottes, als gutbürgerliche Tradition mit Baum und Besinnlichkeit oder als mystisches Ereignis der Gottesgeburt.

Der Ratschlag „Lobt Gott, ihr Christen – alle auf gleiche Weise“ ist vergebliche Liebesmüh – wir würden unser Weihnachtserleben und unser festliches Gotteslob gewiss auch nur sehr ungern normieren lassen.

Und mit Recht, denn der, den wir da an Weihnachten auf je eigene Weise feiern, den wir ganz unterschiedlich loben, der hält sich auch an keine Norm!

Davon weiß die dritte Strophe etwas – bitte lassen Sie uns die singen!

Er äußert sich all seiner G'walt … (EG 27,3)

Sehen Sie, Gott hält sich nicht an die Benimmregeln, an die gute Sitte. Er ist der Schöpfer: hoch und hehr und sehr zu loben, erhaben über dem Getümmel hier im Erdenrund. Ihm steht der Thron zu und das englische Halleluja und unsere Demut sowieso. Aber er schert sich nicht darum. Er will uns nahe sein, ihm ist alles Menschliche nicht nur nicht fremd, er liebt es, er will Anteil haben an dem, was unser Menschsein beschwert und beglückt – und will uns Anteil geben an seiner Lebendigkeit und Weite. Der alle Räume und alle Zeit umfasst, der reduziert sich auf einen Punkt, auf ein Kind im Stall – und er sagt damit: Nicht das Große und Erhabene zählt, sondern das Kleine und Besondere. Und jede und jeder besonders.

Darum kann es keinen Einheits-Lobesbrei geben, darum soll jede und jeder Gott loben, wie's ihr zumute und ums Herz ist, wie ihm der Schnabel gewachsen ist!

Aber na ja: Das kann ja heiter werden. Wird das nicht ein ziemliches Durcheinander, ein rechtes Lobeshymnenchaos, wenn nun jede und jeder auf seine Weise ins Gott-sei-Dank-Hörnchen stößt?

So eine Weihnachtsbuntheit wäre nicht das Schlechteste, und es ist gar nicht schlecht, wenn wir all die Unterschiedlichkeit und Vielfalt, all unsere je verschiedenen Weisen zusammentragen. Dann bereichern wir uns gegenseitig mit unseren Erfahrungen, dann nehmen wir Anteil aneinander, wie Gott Anteil nimmt an uns.

Darum möchte ich des Liedes Ratschlag so verstehen: „Lobt Gott, ihr Christen alle gleich“ soll heißen: „Lobt Gott, ihr Christen, alle miteinander!“ Tun wir das, miteinander, dann tut sich ein erstaunlicher Reichtum auf, dann teilen wir unsere Gotteserfahrungen miteinander, dann kommen wir ins Erzählen davon, wie Gott je in uns und bei uns geboren wird, wie ein Glanz aufgeht und wir zu hoffen lernen. Ich glaube, das wäre atemberaubend und wundervoll.

Das Weihnachtslied spricht auch davon in seinen Adjektiven – einer ganzen Sammlung von fröhlichen Worten: wunderlich – was wundervoll heißt – und freundlich, herzig und schön. Daran lässt die Weihnacht uns Anteil haben: am wundervollen, schönen Gott, der uns freundlich und herzlich zugeneigt ist.

Den loben wir, „alle gleich“, alle miteinander, in einem vielstimmigen Chor, jede und jeder auf seine Art, und eins in dem, der zu loben uns so viel Anlass gibt.

Ich bin sicher: Der eine und die andere, die uns so loben hören und sehen, miteinander, die werden neugierig und werden mal schauen wollen, was es auf sich hat mit diesem lobesamen Gott und seiner menschlichen Geburt. Tun wir das also, tun wir das kräftig: Lobt Gott, ihr Christen, alle gleich.

Singen wir die Strophen eins, fünf und sechs!

Amen

Lied: Lobt Gott, ihr Christen, alle gleich ... (EG 27,1.5.6)

Gott kommt zu uns, wohnt unter uns, ein freundlicher Gast.
Wenn wir das heilige Abendmahl feiern miteinander,
dann ist’s, als machten wir den Gegenbesuch bei Gott,
dann schmecken und sehen wir etwas von der Nähe Gottes,
der uns die Türe wieder aufschließt,
die Tür zum „schönen Paradeis“.

Erhebet eure Herzen – **wir erheben sie zum Herrn**
Lasst uns Dank sagen dem Herrn, unserem Gott – **das ist würdig und recht**

Ja, Gott, unser Gott, wir danken dir,
danken dir für das Licht, das uns wärmt,
das Lächeln in deinem Angesicht.

Wir sind dir nicht zu klein,
du kommst als ein Kind,
wir sind dir nicht zu schlicht,
du liegst in der Krippe,
du menschlicher Gott.

Dafür danken wir dir mit allem, was wir haben und sind,
und mit Maria, mit den Hirten und den Engeln
stimmen wir ein in den himmlischen Lobgesang:

Heilig, Heilig …

Unser Herr Jesus Christus, in der Nacht, da er verraten ward …

Gepriesen seist du, unser Gott,
für das Brot, Frucht der Erde und der menschlichen Arbeit,
wir teilen es, wie du unser Leben teilst.

Desgleichen nahm er auch den Kelch nach dem Mahl …

Gepriesen seist du, unser Gott,
für den Wein, Frucht des Weinstocks und der menschlichen Arbeit,
wir teilen ihn, wie du die Freude teilst mit uns.

Gepriesen seist du, unser Gott,
mit dem Gebet, das Christus uns gelehrt hat:

Vaterunser

Und sooft ihr von diesem Brot esst und von diesem Kelch trinkt, verkündet ihr die Geburt, Leben und Sterben und Auferstehung Christi, uns zugut.

Christe, du Lamm Gottes …

Gott hat seinen Frieden gemacht mit uns,
darum sei auch Friede unter uns.
Wir wenden uns einander zu und grüßen uns mit dem Friedenswunsch:
„Der Friede des Herrn sei mit dir!“ („Und mit dir!“)

Friedensgruß

Wie die Hirten zur Krippe, die Könige zum Gebet,
so kommen wir zum Tisch unseres Gottes,
so schauen und staunen wir, wie gut es Gott mit uns meint.

Kommunion

Lied: Fröhlich soll mein Herze springen … (EG 36,1.2.6)

Bitte lassen Sie uns beten:

Gott, du bist da,
du lässt uns nicht allein.
Du zündest dein Licht an, wo Finsternis herrscht,
du breitest deine Wärme aus, wo die Kälte regiert,
du lässt dich sehen, wo Wolken uns den Blick verstellen.

Kind in der Krippe, Lehrer aus Nazareth,
Bruder am Kreuz, Licht der Welt,
du bist da, in unseren Herzen, unseren Sinnen,
und in jedem, jedem Tag.

Begleite die, die nicht im Lichte stehen,
sei bei denen, zu denen keiner auf Besuch kommt,
erhelle die, über denen kein guter Stern steht.
erfreue die, über die sich niemand freut.

Du bist da, in unserer Zeit, in unserer Welt,
hilf uns, das zu spüren,
gegenwärtiger Gott.
Amen

Lied: O du fröhliche ... (EG 44,1-3)

Segen

Der deine Hände auftut, damit du empfängst,
der dein Herz auftut, damit er es fülle,
der deine Lippen auftut, damit du singst,
der – unser Gott –,

der segnet und behütet dich,
er, der Liebevolle und Lebendige,
der Vater, der Sohn und der Heilige Geist.

Amen, Amen, Amen

Orgelnachspiel

Zart und fein – Gottesdienst zum 1. Weihnachtsfeiertag

Orgelvorspiel

Lied: Es ist ein Ros entsprungen … (EG 30,1-3)

Votum – **Amen**

Begrüßung:

Der Gott, der uns aufsucht, unser Gott auf Besuch, der sei mit euch – **und mit deinem Geist**

Leise sagen! Gebet im Wechsel:

Zu Bethlehem geboren
ist uns ein Kindelein,
das hab ich auserkoren,
sein eigen will ich sein,
eia, eia, sein eigen will ich sein. (EG 32,1)

Vielleicht sollten wir es leise sagen,
ganz leise!
    So dass es nur die hören, die lauschen;
    die Herzen haben für das ganz leise Wort.

Vielleicht sollten wir es nur flüstern,
nur hauchen in den Wind.
    Damit es die Stillen hören,
    die Äste im Schnee,
die Vögel, die warten,
die Rose, die noch nicht blüht.
    Die Armen, die keine Worte finden,
    die Zitternden, denen das Wort versagt.

In seine Lieb versenken
will ich mich ganz hinab;
mein Herz will ich ihm schenken
und alles, was ich hab,
eia, eia, und alles, was ich hab. (EG 32,2)

Vielleicht sollten wir schweigen,
schweigen und hören,
    ganz Ohr sein,
    damit wir ihn verstehen lernen?
Warum sollten wir leise sein,
ganz leise?
    Warum sollten wir lauschen,
    ganz Ohr?
Weil Gott ohne Lärm kommt,
weil er auskommt ohne Geschrei.
    Weil Gott auf leisen Sohlen geht,
    auf Kindersohlen.
Weil Gott zart und sanft kommt,
weil er hineinkommt in unser Sehnen.
    Lasst es uns leise sagen,
    ganz leis:
Gott ist da, Gott ist still,
Gott findet sich liebevoll ein.

O Kindelein, von Herzen
will ich dich lieben sehr
in Freuden und in Schmerzen,
je länger mehr und mehr,
eia, eia, je länger mehr und mehr. (EG 32,3)

Meine Seele ist stille zu Gott, der mir hilft!

Ehre sei dem Vater …

Bitte beten Sie mit mir:

Mein Gott, das ist nicht leicht,
in dieser Zeit still zu werden.
Auch in der Heiligen Nacht haben die Waffen nicht geschwiegen,
haben Kinder gefleht,
Frauen geweint, Männer geklagt,
hat deine Schöpfung geseufzt.
Tief in Sorge lausche ich in die Welt,
versuche ich, einen Klang zu finden,
ein Wort, einen Ton,
die an dich erinnern,
die wirksamer sind als der Lärm.
Gott, hilf mir zu hören,
ermutige mich.

Kyrie (EG 178.9)

Gott hört uns und er schweigt nicht, und das ist es, was Gott uns zusagt:

Zu der Zeit, da ich dir Ruhe geben werde von deinem Jammer und deinem Leid, zu der Zeit wirst du ein Lied anstimmen und singen: Aus ist es mit dem Treiben und das Toben hat ein Ende.

Ehre sei Gott in der Höhe – **und auf Erden Fried …**

Lied: Ich steh an deiner Krippen hier … (EG 37,1.2.4)

Zart und fein – Predigt zum 1. Weihnachtsfeiertag

Dies ist die Nacht, da mir erschienen / des großen Gottes Freundlichkeit. / Das Kind, dem alle Engel dienen, / bringt Licht in meine Dunkelheit. Amen

Es gibt neue Nachrichten, liebe Gemeinde! Tim Wiese, der Ex-Bremer Torwart, hat Krach mit der Polizei, weil er seinen Lamborghini in Hamburg in der Fußgängerzone geparkt hat. Christian Lindner kann sich eine Jamaika-Koalition nun doch vorstellen, von Prinz Harry und seiner Meghan gibt es jetzt ein offizielles Verlobungsfoto, Heinos Leben wird verfilmt werden – darauf haben wir alle gewartet, oder? Nachrichten gibt es, die braucht kein Mensch. Das „Dschungel-Camp" hat wieder alle Kandidaten zusammen, Markus Lanz hat genervt, Salat mit Shrimps und Hummer, Ochsenzunge und Brandy-Pudding – das steht bei der Queen an Weihnachten auf dem Speisezettel. *(Diese Beispiele können Sie jeweils durch aktuelle Belanglosigkeiten aus den Nachrichten ersetzen.)* Na und? Wer will das wirklich wissen? Braucht kein Mensch!

Aber es gibt Nachrichten, die jeder Mensch braucht. Mir würde die Nachricht gefallen, dass die größenwahnsinnigen Politiker in Ost und West einsichtig geworden sind und zurücktreten. Schön wäre die Nachricht, dass der Hunger besiegt ist und es in der Weltwirtschaft künftig gerecht zugeht. Es ist Frieden im Nahen Osten, Flüchtlinge kehren in ihre Heimat zurück; in dem Land, in dem Jesus geboren wurde, haben sie einen respektvollen Ausgleich gefunden. Die AfD fällt unter die Fünf-Prozent-Marke, Freiburg wird deutscher Meister. Für Obdachlose in unseren Städten werden Unterkünfte gebaut und Wohnraum ist auch für kleine Geldbeutel bezahlbar. Zwei Streithähne haben sich versöhnt, Frauen werden nicht mehr missachtet, jedes

Kind hat seinen Spielraum, der Krebs meines Freundes ist geheilt, die Schwermut meiner Freundin hat sich in ein Lächeln aufgelöst.

Das sind Nachrichten, die wir brauchen. Nachrichten, die ausrichten, dass unsere Sehnsucht nicht vergeblich war, dass unsere Hoffnung einen Sinn hatte. Nachrichten, die ermutigen, die bestärken, die beglücken.

Dass es davon nicht so viele gibt, wie ich es mir wünsche, muss ich nicht betonen. Aber: Ist denn die Nachricht, die Weihnachten für uns hat, die Nachricht des Weihnachtsengels, ist die denn eine, die wir brauchen können?

Vom Himmel hoch, da kommt er her, er bringt uns gute neue Mär, der guten Mär bringt er so viel – aber man fragt sich doch, was er damit singen und sagen will.

Luthers Weihnachtslied, das wir nachher natürlich auch singen werden, gibt den Inhalt der Nachricht an: Euch ist ein Kindlein heut geborn, ein Kindelein, so zart und fein, das soll euer Freud und Wonne sein.

Ein Kind. Ah ja? Das soll die ganze gute Botschaft sein? In ein paar Tagen werden wir wieder mit Statistiken überschüttet werden, wie viele Kinder da und dort geboren wurden, welche Vornamen für Jungs und welche für Mädels am beliebtesten waren (sind's wohl wieder David und Marie?), wie viel sie im Schnitt gewogen haben und wie hoch der Glücksquotient der Mütter und Väter jetzt ist. Dass da in der Heiligen Nacht ein Kind geboren ist, das ist nun nicht so etwas Besonderes. Gut, für das „traute hochheilige Paar" natürlich schon, so ganz persönlich – aber im Weltmaßstab, im Großen und Ganzen? Da fällt so ein „lieb Jesulein", von dem Luther singt, nicht sehr ins Gewicht. Oder?

Oder doch?

Dann doch, wenn ich mir klarmache, wer da geboren wird. Gott wird Mensch, Gott selbst, Gott, von dem wir sagen, dass er groß sei, glanzvoll, mächtig. Dieser Gott, der nicht in Worte zu fassen ist, den wir in unseren Grenzen nicht begreifen, der in unsere drei, vier mickrigen Dimensionen nicht hineinpasst, der wird Mensch, ein

Kind, vielleicht 3.500 Gramm schwer, greinend im Krippchen, ganz erschöpft noch von der Geburt. Er wird in eher ärmlichen Verhältnissen aufwachsen und ihm wird ein unschönes Ende vorausgesagt. So wird Gott Mensch.

Das müsste unsere gewohnten Gottesbilder doch gänzlich über den Haufen werfen! Statt allmächtig, allwissend, allgegenwärtig, statt hehr und hoch nur: zart und fein. Ich finde, das sind atemberaubende Worte, wenn ich sie mit Gott zusammendenke. Der große, weite, strahlende Gott: zart und fein.

Das ist so, weil er liebt; er wird Mensch, weil er uns Menschen liebt, und Liebe ist eben dies: zart und fein, und in ihrer Zärtlichkeit leidenschaftlich und in ihrer Feinheit grenzenlos.

Aber was hilft's? Ist das am Ende nicht doch auch nur eine Nachricht aus der religiösen Provinz, die nur die bewegt, die noch ein bisschen fromm und irgendwie kirchlich sind, dem Märchen näher als der Mär, der Botschaft, dem Bericht? Zart und fein – so schön es klingt, wer sollte dem „herzlieben Jesulein", dem „Schöpfer aller Ding", der sich „so gering" macht, noch Glauben schenken?

Ich glaube, Martin Luther hatte ein sehr schönes Gefühl für diese Frage und er hat eine sehr feinsinnige Antwort darauf. „Vom Himmel hoch, da komm ich her" ist seiner Melodie nach ja ursprünglich kein Kirchenlied, die Spielleute trugen die Weise durch das Land, die Bänkelsänger haben sie gefunden und ein bekanntes „Zeitungslied" daraus gemacht – ein Lied, das in Stadt und Land, in Dorf und Weiler vom Neuesten erzählte, von der großen Politik, den Ereignissen, über die die Welt staunte, und von den Tim Wieses, den Heinos und Dschungel-Camp-Kandidaten der damaligen Zeit. Welch kluger Griff! Indem er die alltägliche Melodie aufgreift, die die Leute kennen und mitsummen können, deutet Luther an: Das, was sich da ereignet hat in der Weihnacht, das, was der Engel zum Besten gibt, das ist ganz alltäglich, das hat mit euch zu tun, jetzt, hier, heut.

Gott, alltäglich? Noch so eine herausfordernde Wendung im Gottesbild. Der Gott, der die Zeit schuf und der sonntags wohl am liebsten ruht, der Gott für Feiertage, die zu heiligen uns aufgetragen ist, dieser Gott – alltäglich?

Ja, genau darum geht es. Gott wird Mensch, verwechselbar mit den Millionen und Abermillionen Säuglingen, Knaben, jungen Männern, die seit Anbeginn der Menschheit durch ihre Tage gegangen sind, Gott ist alltäglich, nicht unterscheidbar von Zeitläufen und Schicksalen, weil er uns liebt. Liebe kommt nicht mit Getöse daher, Liebe spielt sich nicht auf und nicht die erste Geige – Liebe zieht sich wie ein warmer Hauch durch frostige Wintertage, Liebe legt sich als ein Glanz auf die Stunden, Liebe leuchtet aus den Augen, von innen her. Dort ist Gott, wo zwei sich in die Augen sehen und ihre Blicke sich nicht abwenden müssen, wo einer des anderen Arm fasst und ihm über die Schwelle hilft, wo eine schweigen und hören kann. Gott ist – zart und fein – und eben so: zärtlich in seiner Leidenschaft, fein in seiner Grenzenlosigkeit, eben so setzt er sich durch. Das Laute und Lärmende, der Protz und die Macht, die werden am Ende nichts ausrichten, die Liebe setzt sich durch. „Die Liebe hemmet nichts; sie kennt nicht Tür noch Riegel und dringt durch alles sich", so hat Matthias Claudius gedichtet.

Ist das nicht die Nachricht, die wir brauchen, die jede Frau und jeder Mann und jedes Kind braucht? Doch, ich glaube schon.

Eine Nachricht ist es freilich, die meine Aufmerksamkeit braucht. Der kleine, feine, zarte Gott ist so leicht zu übersehen – er liebt in alltäglichen Gesten; er ist so leicht zu überhören – er flüstert seinen Liebesschwur nur leis. Für eine Nachricht freilich, die so viel feine Sprengkraft hat, die so weit trägt und die mir Mut und Lust ins Herz legt, für eine solche Nachricht lohnt es sich, still zu sein, die Augen aufzutun und zu lauschen.

Und wenn ich dann ergriffen bin, erfüllt von der zartfeinen Liebe, dann will ich davon sagen und singen.

Amen

Lied: Vom Himmel hoch ... (EG 24,1-4.6)

Gott kommt zu uns, wohnt unter uns, ein freundlicher Gast.
Wenn wir das Gedächtnismahl feiern miteinander,
dann ist's, als machten wir Gegenbesuch bei Gott,
dann schmecken und sehen wir schon jetzt,
wie gut er's mit uns meint.

Erhebet eure Herzen – **Wir erheben sie**
Lasst uns Dank sagen dem Herrn, unserem Gott – **Das ist würdig und recht**

LiturgIn:
Ja, Gott, unser Gott, wir danken dir,
danken dir für das Licht, das uns wärmt,
das Lächeln in deinem Angesicht.

SprecherIn:
Wir sind dir nicht zu klein,
du kommst als ein Kind,
wir sind dir nicht zu schlicht,
du liegst in der Krippe,
du menschlicher Gott.

LiturgIn:
Dafür danken wir dir mit allem, was wir haben und sind,
und mit Maria, mit den Hirten und den Engeln
stimmen wir ein in den himmlischen Lobgesang:

Heilig, Heilig ...

Unser Herr, Jesus Christus, in der Nacht, da er verraten ward ...

SprecherIn:
Gepriesen seist du, unser Gott,
für das Brot, Frucht der Erde und der menschlichen Arbeit,
wir teilen es, wie du unser Leben teilst.

Desgleichen nahm er auch den Kelch nach dem Mahl ...

SprecherIn:
Gepriesen seist du, unser Gott,
für den Wein, Frucht des Weinstocks und der menschlichen Arbeit,
wir teilen ihn, wie du die Freude teilst mit uns.

LiturgIn:
Bitte lassen Sie uns für eine kleine Weile still werden,
eine kurze Zeit,
in der jede und jeder bedenken und fühlen mag,
wie er und sie Gottes Einladung heute annehmen möchte,
wie er und sie zu Gottes Tisch kommt.
Wir halten ein wenig Stille:
(Stille)

LiturgIn:
Gepriesen seist du, unser Gott,
mit dem Gebet, das Christus uns gelehrt hat:

Vaterunser

Und sooft ihr von diesem Brot esst und von diesem Kelch trinkt,
verkündet ihr die Geburt,
Leben und Sterben und Auferstehen Christi,
uns zugut.

Christe, du Lamm Gottes ...

Gott hat seinen Frieden gemacht mit uns,
darum sei auch Friede unter uns.
Wir wenden uns einander zu und grüßen uns mit dem Friedenswunsch:
„Der Friede des Herrn sei mit dir!“ („Und mit dir!“)

Friedensgruß

Wie die Hirten zur Krippe, die Könige zum Gebet,
so kommen wir zum Tisch unseres Gottes,
so schauen und staunen wir, wie gut es Gott mit uns meint.
Kommt, denn es ist alles bereit.

Kommunion

Bitte lassen Sie uns beten:

Dir, Gott, sei Dank,
denn du hast uns, Gott sei Dank, nicht allein gelassen,
du bist da,
Kind in der Krippe, Lehrer aus Nazareth, Bruder am Kreuz, Licht der Welt,
du bist da, Gott sei Dank, in unseren Herzen, unseren Sinnen,
und in jedem, jedem Tag.

Begleite die, die nicht im Lichte stehen,
sei bei denen, zu denen keiner auf Besuch kommt,
erhelle die, über denen kein guter Stern steht.
erfreue die, über die sich niemand freut.

Du bist da, in unserer Zeit, in unserer Welt,
hilf uns, das zu spüren,
Dir, Gott, sei Dank.
Amen

Lied: Fröhlich soll mein Herze springen ... (EG 36,1.2.6)

Segen:

Der menschliche Gott begleitet dich;
der menschliche Gott bewahrt dich;
der menschliche Gott ermutigt dich.

So segnet und behütet dich Gott,
der Strahlende und Nahe,
der Vater, Sohn und Heilige Geist.

Amen, Amen, Amen

Orgelnachspiel

Altjahresabend und Neujahr

Leben und … –
Gottesdienst zum Altjahresabend

Orgelvorspiel

Lied: Das Jahr geht still zu Ende … (EG 63,1+6)

Votum – **Amen**

(Begrüßung)

Der Gott, der uns begleitet, Jahr und Tag, der Herr der Zeiten, unser Gott, der sei mit euch – **und mit deinem Geist**

Gott behütet uns, Psalmgebet im Wechsel nach Psalm 121:

Der du die Zeit in Händen hast,
Herr, nimm auch dieses Jahres Last
und wandle sie in Segen.
Nun von dir selbst in Jesus Christ,
die Mitte fest gewiesen ist,
führ uns dem Ziel entgegen. (EG 64,1 – Melodie: EG 363)

Ich hebe meine Augen auf zu den Bergen.
Woher kommt mir Hilfe?

Meine Hilfe kommt vom Herrn,
der Himmel und Erde gemacht hat.
Er wird deinen Fuß nicht gleiten lassen,
und der dich behütet, schläft nicht.

SprecherIn:
Gott, meine Hilfe kommt von dir,
ich habe das erfahren in den vergangenen Monaten,
ich hoffe darauf in den kommenden.
Hab acht auf mich, mein Gott.

Der du die Zeit in Händen hast … (EG 64,1)

Siehe, der Hüter Israels schläft
und schlummert nicht.
Der Herr behütet dich;
der Herr ist dein Schatten über deiner rechten Hand,
dass dich des Tages die Sonne nicht steche
noch der Mond des Nachts.
Der Herr behüte dich vor allem Übel,
er behüte deine Seele.
Der Herr behüte deinen Ausgang und Eingang
von nun an bis in Ewigkeit!

SprecherIn:
Gott, du behütest mich, Stunde um Stunde, Tag um Tag,
ich habe das erfahren in den vergangenen Monaten,
ich hoffe darauf in den kommenden.
Hab acht auf mich, mein Gott.

Der du die Zeit in Händen hast … (EG 64,1)

Ich hoffe auf dich und spreche: Du bist mein Gott.
Meine Zeit steht in deinen Händen.

Ehre sei dem Vater …

Bitte beten Sie mit uns:

LiturgIn:
Du hast die Zeit in Händen, mein Gott,
aber manchmal frage ich mich, was du damit machst.
Gibst du acht auf die Zeit,
dass sie gefüllt ist, voller Sinn und Glück,
oder lässt du sie zerrinnen in deinen Fingern
und für mich fliegt sie davon,
ohne Ruhe, ohne Rast?

SprecherIn:
Pflegst du sie, die Zeit,
dass die sich entfaltet und Blüten treibt,
dass sie Frucht bringt,
oder gehst du unachtsam um mit der Zeit,
dass sie verkommt und Dunkelheit und Schmerz gebiert
statt Freude und Mut?

LiturgIn:
Gott, nimm dich der Zeit an,
sei aufmerksam für die Tage und Stunden deiner Welt,
damit die dunklen Tage hell werden.
Das bitte ich dich, Gott, erbarme dich.

Kyrie (EG 178.9)

Gott hört uns und er schweigt nicht. Und das ist es, was Gott uns zusagt:
Zuflucht ist bei dem alten Gott und unter seinen ewigen Armen.

Ehre sei Gott in der Höhe – **und auf Erden Fried …**

Lied: Befiehl du deine Wege ... (EG 361,1.4)

Schriftlesung (im Trialog): Prediger (Kohelet) 3,1-14 in Auszügen:

LiturgIn (= SprecherIn 3):
Ein jegliches hat seine Zeit, und alles Vorhaben unter dem Himmel hat seine Stunde:

1:
Geboren werden

3:
hat seine Zeit,

1:
sterben

3:
hat seine Zeit;

2:
pflanzen

3:
hat seine Zeit,

2:
ausreißen, was gepflanzt ist,

3:
hat seine Zeit;

1:
weinen

3:
hat seine Zeit,

1:
lachen

3:
hat seine Zeit;

2:
klagen

3:
hat seine Zeit,

2:
tanzen

3:
hat seine Zeit;

1:
suchen

2:
hat seine Zeit,

3:
verlieren

1:
hat seine Zeit;

2:
behalten

3:
hat seine Zeit,

1:
wegwerfen

2:
hat seine Zeit;

3:
zerreißen

1:
hat seine Zeit,

3:
zunähen

1:
hat seine Zeit;

3:
schweigen

2:
hat seine Zeit,

3:
reden

2:
hat seine Zeit.

3:
Gott

1:
hat alles schön gemacht zu seiner Zeit,

2:
auch hat er die Ewigkeit in ihr Herz gelegt; nur dass der Mensch nicht ergründen kann das Werk, das Gott tut, weder Anfang noch Ende.

1:
Da merkte ich, dass es nichts Besseres dabei gibt als fröhlich sein und sich gütlich tun in seinem Leben.

2:
Denn ein jeder Mensch, der da isst und trinkt und hat guten Mut bei all seinem Mühen, das ist eine Gabe Gottes.

1:
Ich merkte,

3:
dass alles, was Gott tut, das besteht für ewig.
Halleluja

Halleluja ...

Lied: Nun lasst und gehen und treten ... (EG 58,1+2)

Leben und ... – Predigt zum Lied „Nun lasst uns gehn und treten ...“ (EG 58)

Ach – es stimmt doch gar nicht, liebe Gemeinde, es stimmt doch gar nicht. „Wir gehen dahin und wandern“ – ja, schön wär's! Das klingt so nett gemächlich, nach Spazierengehen sonntagnachmittags, nach Flanieren in der Allee, nach Waldeslust im winterlichen Schwarzwald. Aber es stimmt doch nicht: Unser Leben ist kein Gehen und Wandern. Nein, es bewegt sich in ganz anderen Geschwindigkeiten!

Das Leben ist ein Eilen von Verpflichtung zu Verpflichtung: Die Arbeit ruft, der Einkauf ist noch zu erledigen, irgendwer will immer was von dir! Bei all der Eile gerät das Leben auch gern mal ins Stolpern: wenn ich den Herausforderungen nicht gewachsen bin, wenn ich mir an den scharfkantigen Steinen die Zehen wund stoße und mir mancher Tag Knüppel zwischen die Beine wirft. Und Zeiten gibt es, da lebe ich wie auf der Flucht: vor der Verantwortung vielleicht oder aus Sorge.

Aber das Gegenteil kennen Sie auch: nicht „gehen und treten“, „gehen und wandern“, sondern Stillstand. Nichts geht voran, ich komme einer Lösung für meine Fragen keinen Schritt näher, ich muss ausharren in der Lustlosigkeit, vor lauter Müdigkeit kleben die Füße am Boden fest. Nicht gehen, sondern auf der Stelle treten! Und am schlimmsten ist die Langeweile, wenn die Zeit einfriert und mit ihr das Herz und der Mut.

Haben Sie im vergehenden Jahr solche Zeiten gekannt? Ich schon.

Paul Gerhardt, der das Lied zur Jahreswende gedichtet hat, Paul Gerhardt auch!

Bitte lassen Sie uns die Strophen 2 und 3 singen!

Nun lasst uns gehn ... (EG 58,2-3)

Da hören Sie es: Angst und Plagen, Zittern und Zagen. Ich will das Vergangene nicht allzu schlechtreden, aber dass sich viel getan hat, das uns zur Sorge gereichen muss, das ist kaum zu leugnen. Haben wir früher das Gefühl hegen dürfen, dass es da draußen im Großen und Ganzen schon recht wild zugehe ... aber unsere kleine Welt hier und im Persönlichen, die ist doch noch leidlich in Ordnung, so wissen wir alle jetzt gut, dass das nicht mehr stimmt – wahrscheinlich nie gestimmt hat. Die großen Fragen und Anforderungen reichen in unsere kleine Welt hinein, wir können sie nicht mehr einfach denen da oben oder dem da oben überlassen. Wir haben beginnen müssen, persönlich – für uns selbst – zu klären, wie viel Angst wir uns machen lassen wollen, ob wir auf die politischen Marktschreier hören möchten, was uns ermutigen kann, das Vertraute zu schätzen und das Nur-Gewohnte zu hinterfragen.

Und zu dem, was uns in Stadt und Land aufgewühlt und aufgeregt hat, kommt doch noch all das hinzu, was uns Leib und Seele verletzt hat: eine Krankheit, eine Trauer, eine viel zu schwere Last.

Da kann der Mensch schon mal verzweifeln!

Singen wir bitte die 6. Strophe!

Nun lasst uns gehn … (EG 58,6)

So, und nun fange ich noch mal ganz von vorne an!

Denn Paul Gerhardts Lied straft den blanken Pessimismus Lügen, es will nicht zulassen, dass wir verzagen, es ruft uns aus der trüben Lebensunlust heraus. Schauen Sie doch, in welche Worte und Wendungen all das „Zittern und Zagen“ eingebettet ist! Von „Kraft“ – und zwar von unserer Kraft – ist gleich in der ersten Strophe die Rede, etwas von „leben und gedeihen“ weiß die zweite. Dass Gott uns „mit Fleiß“ bewahre, heißt es; vom wohlgeborgenen Sitzen „in seinem“ – in Gottes – „Schoß“ singen wir etwas, und davon, dass Gott der „Hüter unsres Lebens“ sei, der treu ist, „alle Morgen“ neu, und der „starke Hände“ hat.

Ein sehr mütterlicher Gott ist es, der uns, die uns da begegnet. Einer, eine, auf den wir uns verlassen können, die uns birgt. Überraschend eigentlich für den sonst so streng orthodox-lutherischen Dichter Paul Gerhardt, aber da ist er wohl auch einfach berührt und fasziniert: Gott ist uns Hilfe und Hort, Gott tut sein Herz für uns auf, Gott ist da, wie eine liebevolle Mutter da ist. Das hat der Prophet Jesaja vor vielen hundert Jahren schon einmal gesagt: „Ich will euch trösten, wie einen seine Mutter tröstet“ (Jesaja 66).

Und der mütterliche Gott will nicht nur, er tut es auch.

Bitte lassen Sie uns die Strophen 10, 12 und 13 singen!

Nun lasst uns gehn … (EG 58,10.12.13)

Eine ganze Menge Bitten klingen in diesen Strophen an: „schließ zu“, „lass fließen“, sei „Vater“ und „Berater“, „hilf gnädig“, „gib fröhlich“. Es ist nicht gerade wenig, es schließt unser ganzes Menschsein ein – und es ist ganz gewiss aktuell –, was Paul Gerhardt uns da erbitten lässt. Ich glaube, das kann er in dieser Fülle nur tun, weil er erfahren hat und nun gewiss ist, dass solch ein Wünschen, Sehnen und Fordern nicht ins Leere geht. Wer Gott bittet um „Freudenströme“, um „Gabe“, „Gut und Habe“, um „fröhliche Gedanken“ – wer Gott darum bittet, der rennt bei ihm offene Türen ein.

Aber warum dann bitten? Nicht, weil Gott auf seinem Himmelsthron gebeten werden will und weil sich der himmlische Vater erst regt und erbarmt, wenn er auch ordentlich angerufen wird. Nein, nicht deshalb.

Vielmehr, weil das Bitten eine lebendige, lebenslustige Haltung ist: Wer Gott bittet, tritt mit ihm ins Gespräch, begegnet ihm, dem „Hüter unsres Lebens“. Mit Gott auf du und du, das schon gibt unserem Leben einen Glanz.

Und: Wer bittet, fasst seine Hoffnung, seine Sehnsucht, seine Erwartung auch in Worte. Der erwartet noch etwas! In der Dürre dieser Zeiten erwartet er Fülle und Sinn, in der Dunkelheit Licht, in der Kälte Wärme, in der Sorge Trost.

Dabei spricht und singt Paul Gerhardt wahrhaftig nicht nur von frommen Gemütszuständen, von ein wenig Beruhigung für die Seele und von ein wenig Optimismus für die Zeit vor uns. Was er uns bitten lässt, ist handgreiflich und konkret: Wenn er von „Freudenströmen“

nach dem „Blutvergießen“ spricht, dann denkt er an die Wunden des verheerenden Dreißigjährigen Krieges – und wir haben da unsere eigenen Bilder und Erfahrungen. „Gut und Habe“ für die Armen, „Berater“ für die Irrenden – wir wissen genau, wer heute damit gemeint ist.

Gott verteilt keine süßen Trösterlein fürs Seelenheil, Gott ist uns nah, uns und jedem und jeder, der in Not ist – und so konkret der Schmerz ist, so menschlich und konkret ist er auch mit seiner Liebe.

Darum, liebe Gemeinde, wir dürfen noch etwas erwarten! „Leben und ...“, wie es in der zweiten Strophe heißt: Leben und Fülle, Leben und Trost, Leben und Mut; nicht bloß dahinleben und über die Runden kommen, sondern Leben voller Lebendigkeit, das strotzt und schwingt von feiner Lebenslust, von stiller Gelassenheit und bunter Fülle. Ach ja, jetzt geht's ein bisschen mit mir durch, stimmt's?

Aber wir haben es eben mit Gott zu tun: dem mütterlichen, väterlichen „Hüter des Lebens“, der milde ist und starke Hände hat, der des „Lebens Leben“ ist. Da darf der Mensch schon mal in Begeisterung geraten und sich freuen auf das neue Jahr!

Vorfreudig singen wir bitte die Strophen 11, 14 und 15!
Und ich schließe mit: Amen, so soll es sein, auch im neuen Jahr!

Nun lasst uns gehn ... (EG 58,11.14.15)

Da liegt ein Jahr vor uns, liebe Gemeinde,
Monate, Wochen und Tage, die wir nicht kennen.
Wir haben Erwartungen und Hoffnungen,
Ahnungen und Befürchtungen –
und wir haben den Wunsch, nicht allein durch unsere Zeit zu gehen.
Das müssen wir nicht, das werden wir nicht –
Gott ist an unserer Seite.
Er sagt uns seine Nähe zu:
Seht nur, ich bin bei euch,
alle Tage!

Jeder Segen, den wir im Gottesdienst sprechen und hören,
vergewissert uns der Nähe Gottes.

Ich lade Sie ein, sich jetzt – am Ende des Jahres und vor dem Beginn eines neuen –
sich jetzt den Segen Gottes ganz persönlich zusagen zu lassen.

LiturgInnen stehen hier vorne bereit.
Wenn Sie möchten, kommen Sie nach vorne, damit wir ihnen die Hände auflegen und Sie segnen.
Sie segnen für das, was gewesen ist und was Sie weiter bewegt,
für das, was kommt, und wozu Sie sich ermutigen lassen möchten.

(Schale mit Segensworten auf Karten oder Zettel bereitstellen)

Hier vorne finden Sie auch eine Schale mit Segensworten, Gedanken und Lyrik,
Worte in das neue Jahr.
Nehmen Sie sich gerne eines mit!

Während der Segnung singen wir ab und an die erste Strophe des Segensliedes aus unserem Gesangbuch:

Lied: Bewahre uns, Gott, behüte uns, Gott ... (EG 171,1), dabei Segenshandlung durch LiturgInnen
(OrganistIn stimmt nach eigenem Ermessen an, Orgel eher leise!)

Bitte lassen Sie uns beten:

Lebendiger Gott, Hüter des Lebens,
du hast uns deine Gegenwart zugesagt,
mit deinem Segen sprichst du uns deine Nähe zu.
Hier bist du, hier, wo wir sind,
und jetzt bist du hier,

jetzt, in der Zeit, da wir leben, lachen, weinen, hoffen.
Wir vertrauen uns dir an,
gelassen und getrost,
geborgen bei dir!

Vaterunser

Und der Friede Gottes,
der höher ist als unser Ahnen und Planen,
unser Vorausschauen und Erhoffen,
der bewahre eure Herzen und Sinne
in Christus Jesus.
Amen

Lied: Von guten Mächten … (EG 65,1-3.5+6)

Das Jahr geht still zu Ende,
Gott reicht uns seine Hände.
Wir sind geliebt und gehalten
im neuen Jahr genauso wie im alten.

So segnet und behütet dich Gott,
der Liebevolle und Lebendige,
der Vater, der Sohn und der Heilige Geist.

Amen, Amen, Amen

Orgelnachspiel

Eins, zwei, drei im Sauseschritt – Predigt zum Altjahresabend

(Die folgende Einleitung ist sehr persönlich. Verwenden Sie gerne ein entsprechendes Beispiel aus Ihrem Leben!)

Oma Klärchen, liebe Gemeinde, von Oma Klärchen habe ich bestimmt schon mal gesprochen. Sie, meine Großmutter mütterlicherseits, vor jetzt bald zwanzig Jahren gestorben – sie war eine bemerkenswerte Frau, für mich jedenfalls. Oma Klärchen ist uns, der Familie ihrer Tochter, immer hinterhergezogen – und hat sich, nicht immer zur Freude der drei Enkelkinder, intensiv an unserer Erziehung beteiligt. Mit Streicheleinheiten oder Kopfnüssen, je nachdem. Eine ganz besondere Vergünstigung erhielt, wer bei ihr übernachten durfte – durfte ich oft, weil ich schon immer so brav und freundlich war und weil ich für Oma einkaufen ging und als Einziger ihre in Sütterlin-Schrift gehaltenen Einkaufszettel entziffern konnte.

Die Abende mit ihr waren wunderbar; erst gab es Knäckebrot mit Erdbeermarmelade, dann Schwarztee, meiner mit Honig, ihrer mit Zucker und einer ansehnlichen Portion Stroh-Rum. Und beim Tee erzählte Oma Klärchen von ihrer Kindheit – sie hat mit sieben Jahren noch den Kaiser in Küstrin gesehen –, ihrer Jugend in der Weimarer Republik, von der Naziherrschaft, von Flucht und Nachkriegszeit. Von Klärchen hab ich gelernt, wie bedeutsam, wie hilfreich das Erzählen ist, und wie die große Geschichte von unten aussieht, bei den kleinen Leuten.

So viel Oma Klärchen mit der Vergangenheit anfangen konnte, so wenig konnte sie ihrer Gegenwart abgewinnen. Oma schrieb gerne Briefe, schon das Telefon war ihr ein Graus. Sie fühlte sich von den modernen Medien völlig überfordert. „Ach, weißt du, Junge", seufzte sie manchmal – und ich hatte noch einen ganz anderen Spitznamen, den verrate ich aber nicht – „Ach, weißt du, Junge, mir geht das heutzutage alles viel zu schnell!"

„Eins, zwei, drei im Sauseschritt, so eilt die Zeit, wir eilen mit."

So sprach Wilhelm Busch, der Satiriker, und Recht hat er. In diesen Zeitläufen, da kann mir schon mal die Luft ausgehen. Schaue ich mir das heute vergehende Jahr an, ziehe ich meine Bilanz, dann hat es da viel gegeben, das mich schier überrannt hat, das im Sauseschritt auf mich zukam und mir kaum eine Sekunde gelassen hat, zu reagieren, eine Entscheidung zu treffen, Schlüsse zu ziehen. Mag sein, Ihnen ist das ähnlich ergangen. In der großen Politik, in unserer gesellschaftlichen Entwicklung war das nicht anders – wir sind ja weltweit dem Frieden eher nicht näher gekommen, der Klimawandel bleibt ein großes Problem, Menschen stehen vor unseren Türen und erbitten Hilfe und Heimat, die Terrorgefahr ist auch bei uns gewachsen, Rechtsradikale nehmen sich neue Freiheiten und Frechheiten heraus – und die Mediengesellschaft scheint mit immer neuen Erfindungen und Angeboten verrückt zu spielen.

Eins, zwei, drei im Sauseschritt, so eilt die Zeit, wir eilen mit.

Mir, der ich doch eigentlich noch ein paar Jahre Zeit hätte dafür, mir geht das gerade so wie Oma Klärchen, mir geht das alles viel zu schnell. Ich würde ja gerne Schritt halten, und das Meine dazutun, damit es menschlicher und friedlicher wird in der nahen und der weiteren Welt; aber ich habe den Überblick verloren, und weil alles so davonfliegt, so leichtlebig und kurzfristig ist, weiß ich nicht, was gut und hilfreich ist. Bei all dem Ge-E-Maile und Ge-WhatsAppe, bei der Informationsflut im Netz und auf den Bildschirmen, bei ungezählten Kanälen und Sendern im TV, bei Instagram, Facebook und Twitter – was soll ich da noch wissen, glauben, fühlen und verstehen – und wie bei mir selber bleiben und bei dem, worauf es wirklich ankommt?

Eins, zwei, drei im Sauseschritt, so eilt die Zeit, wir eilen mit.

Das Zitat stammt aus einem der Spätwerke Wilhelm Buschs, dem „Julchen“, dem dritten Teil der sogenannten „Knopp-Trilogie“. In Bildern wird Julchens Leben erzählt, von ihrer Geburt: *„Und Frau Wehmut, welche kam / Und das Kind entgegennahm / Rief und hub es in die Höh: / Nur ein Mädel, ach herrje!“* – bis zu Julchens Trauung mit Hindernissen und Herrn Knopps Lebensende: *„In der Wolke sitzt die schwarze / Parze mit der Nasenwarze / Und sie zwickt und schneidet, schnapp! Knopp sein Lebensbändel ab. // Na, jetzt hat er seine Ruh! Ratsch! Man zieht den Vorhang zu.“*[8]

Und eben in diese Lebensgeschichten hinein heißt es immer wieder: „Eins, zwei, drei im Sauseschritt …“. Und Wilhelm Busch, der quasi Erfinder der Comic-Kultur war, gibt dieser atemlosen Sentenz auch immer ein Bild mit:

Das Bild vom Gevatter Tod, vom Sensenmann mit den dürren Gliedern, der die Trommel rührt und die Klinge schwingt.

Wilhelm Buch versteht: Was die dahineilende Zeit so bedrängend macht, das ist, dass es am Schluss halt aus und vorbei ist: „Ratsch! Man zieht den Vorhang zu.“ Das macht mich erst richtig atemlos, wenn mir am Ende der Atem ausgeht.

Viele von uns sind in diesem Jahr auf Friedhöfen gestanden und haben gemerkt, wie jäh der Tod hereinbrechen kann, wie plötzlich ein

8 „Julchen“, Textauszüge und Abbildung aus: Wilhem Busch, Sämtliche Bildergeschichten, Gondrom Verlag, Bayreuth 1978 (5. Aufl. 1984), S. 871.

Mensch von unserer Seite gerissen werden kann – die Zeit aber, die Zeit hält nicht inne, sie eilt und eilt und eilt einfach weiter.

So scheint es. Es sieht so aus. Aber es stimmt nicht!

Es stimmt nicht, weil unser Leben noch eine ganze andere Dimension hat – weil diese unsere dahineilende Zeit umfasst ist von Gottes Zeit. „Meine Zeit steht in deinen Händen“, heißt es im 31. Psalm.

Ich höre gut hin! Das heißt es: Sie steht! Meine Zeit: Sie saust nicht durch Gottes Hände, sie wird nicht geformt und geworfen, nicht angetrieben oder in Besitz genommen, sie wird nicht unruhig benutzt und verfließt nicht – meine Zeit steht, sie darf sein, sie darf ruhig sein. Ich darf sein.

Ein altes Bild von Gott ist, dass er der „Herr der Zeiten“ und der Allgegenwärtige sei – zwei Vorstellungen, die etwas verlegen ausdrücken, dass Gott nicht unserer Zeit unterworfen ist, so wenig, wie er in unseren drei Dimensionen aufgeht. Gott ist über der Zeit, er umfasst die Zeit – und ist doch nicht zeitlos, sondern jedem Augenblick nahe. Er ist es, der unserer Zeit ihren Sinn gibt, der sie vertieft und erfüllt.

Weil Gott der Herr der Zeiten ist, gibt es keine Endgültigkeit und der Sensenmann gibt sich ganz umsonst die Sporen – er mag uns aus unserer Zeit herausreißen, aus Gottes Zeit fallen wir nicht heraus. Und weil Gott der Herr der Zeiten ist, muss die dahineilende Zeit uns nicht mitreißen. Wir können entschleunigen, die Zeit hat kein Recht über uns.

„Es ist Ruhe vorhanden für euch“, verspricht Gott im Hebräerbrief (4,9). Was nicht heißt, dass es irgendwann einmal ruhig wird, wie bei Julchen und Herr Knopp, der das Zeitliche segnet: *„Na, jetzt hat er seine Ruh! / Ratsch! Man zieht den Vorhang zu.“* Nein, die Ruhe ist vorhanden: hier, heute, jetzt, mitten in der Zeit. Die Kunst ist zu lernen, den Vorhang aufzuziehen – und die Ruhe zu entdecken, den Sinn und die Fülle der Zeit mitten in der Zeit. Oft, ganz oft tut er sich auf, der Vorhang: in einem Lächeln, einem trefflichen Wort, einem Hauch im Sommer, in der klaren, winterlichen Luft, in Klängen, Liedern, in der Stille, im Herzschlag der Geliebten, im Atmen eines schlafenden Kindes, im Blick eines Freundes oder wenn eine alte Frau – wie Oma Klärchen – weise erzählt.

Die Kunst ist zu lernen, den Vorhang aufzuziehen, die Ruhe zu entdecken, hier, heute, jetzt. Vor uns liegt ein Jahr, das uns wieder Zeit gibt, diese Kunst zu üben! Und wenn es dann gelingt, geht's uns wohl wie dem guten Knopp, als das Julchen das Licht der Welt erblickte. Das war keine ganz einfache Geburt, aber:

„Ja, ... (Knopp) greifet zum Gebet / Was er sonst nur selten tät. / Endlich öffnet sich die Türe / und es heißt: Ich gratuliere! // Friedlich lächelnd, voller Demut / Wie gewöhnlich, ist Frau Wehmut. / Stolz ist Doktor Pelikan, / Weil er seine Pflicht getan. // Aber unser Vater Knopp / ruft in einem fort: Gottlob!"

Amen

Kannitverstan – Gottesdienst zum Neujahrsmorgen

Orgelvorspiel

Lied: Hilf, Herr Jesu, lass gelingen … (EG 61,1.2.6 – nach Melodie EG 166)

Votum – **Amen**

(Begrüßung)

Der Gott, der uns nahe ist, der sich finden lässt, überraschend und ermutigend, unser Gott, der sei mit euch – **und mit deinem Geist**

Er hat uns gemacht – Gebet im Wechsel, nach Psalm 100 (mit Zwischengesang EG 288):

Nun jauchzt dem Herren, alle Welt … (EG 288,1-2)

Singt unserem Gott, alle Welt!
Öffnet euch für ihn und seine Freude;
    kommt vor sein Angesicht mit Jubel und Tanz!
    Seht doch, was für einen Gott wir haben!

Er hat uns ferner wohl bedacht (EG 288,3-5)

Er hat uns geschaffen, das können wir nicht selber tun,
wir gehören zu ihm, er hat Acht auf uns.
    Kommt, wir richten uns nach Gott aus;
    wir sind ihm dankbar, wir freuen uns an ihm!
Denn Gott ist freundlich, er ist bei uns – immer.
Mit seiner Klarheit, jeden Tag neu.

Er ist voll Güt und Freundlichkeit ... (EG 288,7)

Bitte beten Sie mit mir:

Du hast mich gemacht, mein Gott,
so gemacht, wie ich bin:
mit meinen Stärken, meinen Unzulänglichkeiten,
mit all der Lebenslust und all der Todtraurigkeit,
die nebeneinander wohnen in meiner Seele.
Du hast mich gemacht über all die Jahre,
die ich lebe in meiner Zeit,
und immer noch formst und gestaltest du,
immer noch bin ich im Werden.
Hilf mir, Gott, zu sehen,
wo ich selbst Hand anlegen kann,
wo ich wachsen, mich entfalten kann,
und hilf mir, dir zu vertrauen, getrost zu leben,
wenn ich mir selbst entgleite.
Ich bin dein, Gott, darum fürchte ich nichts.
Mutig geh ich in meine Jahre, Tage, meine Zeit.
Darum bitte ich dich, Gott:
Erbarme dich!

Kyrie (EG 178.9)

Gott hat sich unser erbarmt. Hört, was Gott uns zusagt:

Ich bin dein Gott, deine Zeit steht in meinen Händen –
ich lass dich nicht zuschanden werden!

Ehre sei Gott in der Höhe – **und auf Erden Fried …**

Lied: Meine Zeit steht in deinen Händen … (BEL 644,1-3, P 644, W 628)

Kannitverstan – Predigt zu Johann Peter Hebel, Kannitverstan (1809)

Der Mensch hat wohl täglich Gelegenheit, in Emmendingen und Gundelfingen, so gut als in Amsterdam Betrachtungen über den Umstand aller irdischen Dinge anzustellen, wenn er will, und zufrieden zu werden mit seinem Schicksal, wenn auch nicht viel gebratene Tauben für ihn in der Luft herumfliegen.

Aber auf dem seltsamsten Umweg kam ein deutscher Handwerksbursche in Amsterdam durch den Irrtum zur Wahrheit und zu ihrer Erkenntnis. Denn als er in diese große und reiche Handelsstadt, voll prächtiger Häuser, wogender Schiffe und geschäftiger Menschen, gekommen war, fiel ihm sogleich ein großes und schönes Haus in die Augen, wie er auf seiner ganzen Wanderschaft von Duttlingen bis Amsterdam noch keines erlebt hatte.

Lange betrachtete er mit Verwunderung dies kostbare Gebäude, die 6 Kamine auf dem Dach, die schönen Gesimse und die hohen Fenster, größer als an des Vaters Haus daheim die Tür. Endlich konnte er sich nicht entbrechen, einen Vorübergehenden anzureden. „Guter Freund", redete er ihn an, „könnt Ihr mir nicht sagen, wie der Herr heißt, dem dieses wunderschöne Haus gehört mit den Fenstern voll Tulipanen, Sternenblumen und Levkojen?" – Der Mann aber, der vermutlich etwas Wichtigeres zu tun hatte, und zum Unglück gerade soviel von der deutschen Sprache verstand, als der Fragende von der holländischen, nämlich nichts, sagte kurz und schnauzig: „Kannitverstan"; und schnurrte vorüber. Dies war ein holländisches Wort, oder drei, wenn man's recht betrachtet, und heißt auf Deutsch soviel als: Ich kann Euch nicht verstehen. Aber der gute Fremdling glaubte, es sei der Name des Mannes, nach dem er gefragt hatte. Das muß ein grundreicher Mann sein, der Herr Kannitverstan, dachte er, und ging weiter. Gaß aus Gaß ein kam er endlich an den Meerbusen, der da heißt: Het Ey, oder auf deutsch: das Ypsilon. Da stand nun Schiff an Schiff, und Mastbaum an Mastbaum; und er wusste anfänglich nicht, wie er es mit seinen zwei einzigen Augen durchfechten werde, alle diese Merkwürdigkeiten genug zu sehen und zu betrachten, bis endlich ein großes Schiff seine Aufmerksamkeit an sich zog, das vor kurzem aus Ostindien angelangt war und jetzt eben ausgeladen wurde.

Schon standen ganze Reihen von Kisten und Ballen auf- und nebeneinander am Lande. Noch immer wurden mehrere herausgewälzt, und Fässer voll Zucker und Kaffee, voll Reis und Pfeffer, und salveni Mausdreck darunter. Als er aber lange zugesehen hatte, fragte er endlich einen, der eben eine Kiste auf der Achsel heraustrug, wie der glückliche Mann heiße, dem das Meer alle diese Waren an das Land bringe. „Kannitverstan", war die Antwort. Da dacht er: Haha, schaut's da heraus? Kein Wunder, wem das Meer solch Reichtümer an das Land schwemmt, der hat gut solche Häuser in die Welt stellen, und solcherlei Tulipanen vor die Fenster in vergoldeten Scherben. Jetzt ging er wieder zurück, und stellte eine recht traurige Betrachtung bei sich selbst an, was er für ein armer Mensch sei unter soviel reichen Leuten in der Welt.

Aber als er eben dachte: Wenn ich's doch nur auch einmal so gut bekäme, wie dieser Herr Kannitverstan es hat, kam er um eine Ecke, und erblickte einen großen Leichenzug. Vier schwarz vermummte Pferde zogen einen ebenfalls schwarz überzogenen Leichenwagen langsam und traurig, als ob sie wüßten, daß sie einen Toten in seine Ruhe führten. Ein langer Zug von Freunden und Bekannten des Verstorbenen folgte nach, Paar um Paar, verhüllt in schwarze Mäntel, und stumm. In der Ferne läutete ein einsames Glöcklein. Jetzt ergriff unsern Fremdling ein wehmütiges Gefühl, das an keinem guten Menschen vorübergeht, wenn er eine Leiche sieht, und blieb mit dem Hut in den Händen andächtig stehen, bis alles vorüber war. Doch machte er sich an den letzten vom Zug, der eben in der Stille ausrechnete, was er an seiner Baumwolle gewinnen könnte, wenn der Zentner um 10 Gulden aufschlüge, ergriff ihn sachte am Mantel, und bat ihn treuherzig um Exküse. „Das muss wohl auch ein guter Freund von Euch gewesen sein", sagte er, „dem das Glöcklein läutet, daß Ihr so betrübt und nachdenklich mitgeht." – „Kannitverstan!" war die Antwort. Da fielen unserm guten Duttlinger ein paar große Tränen aus den Augen, und es ward ihm auf einmal schwer und wieder leicht ums Herz.

„Armer Kannitverstan", rief er aus, „was hast du nun von allem deinem Reichtum? Was ich einst von meiner Armut auch bekomme: ein Totenkleid und ein Leintuch, und von allen deinen schönen Blumen vielleicht einen Rosmarin auf die kalte Brust, oder eine Raute." Mit diesen Gedanken begleitete er die Leiche, als wenn er dazugehörte, bis ans Grab, sah den vermeinten Herrn Kannitverstan hinabsenken in seine Ruhestätte, und ward von der holländischen Leichenpredigt, von der er kein Wort verstand, mehr gerührt als von mancher deutschen, auf die er nicht acht gab.

Endlich ging er leichten Herzens mit den anderen wieder fort, verzehrte in einer Herberge, wo man Deutsch verstand, mit gutem Appetit ein Stück Limburger Käse, und, wenn es ihm wieder einmal schwerfallen wollte, daß so viele Leute in der Welt so reich seien, und er so arm, so dachte er nur an den Herrn Kannitverstan in Amsterdam, an sein großes Haus, an sein reiches Schiff, und an sein enges Grab.[9]

„Nein, nein! Ich glaube nicht an Zufälle!", sagt schon manchmal ein frommer Christ etwas kämpferisch und mit gestrengem Unterton, wenn es um die rechte Gesinnung geht, um den Glauben, dass alles, was uns im Leben begegnet, doch irgendwie von Gott her kommen müsse. Gelenkt, geleitet, geführt von Gott ist unser Schicksal; Gott ist schließlich allmächtig, allwissend, drum ist's nur folgerichtig, dass alles von ihm kommt. Alles Gute kommt von oben!, sagt der ernste, fromme Christ.

Was das angeht, liebe Gemeinde, bin ich leider nun mal gar nicht fromm. Wissen Sie, ich glaube an Zufälle, zutiefst glaube ich, dass es

---

9 Johann Peter Hebel, „Kannitverstan", in: Johann Peter Hebel. Sämtliche Schriften II (Erzählungen und Aufsätze, 1. Teil), kritisch hg. v. A. Braunbehrens, G. A. Benrath, P. Pfarr, C. F. Müller: Karlsruhe 1990, S. 132-135.

in unserem Leben Zufälle gibt: Tausende, und täglich gibt es sie – Gott sei Dank. Unser Handwerksbursch aus Tuttlingen, von dem Johann Peter Hebel erzählt, der erlebt es: Zufällig kommt er an einem prachtvollen Haus vorbei, zufällig sieht er im Hafen imposante Schiffe, durch Zufall begegnet ihm ein Trauerzug – und gerade so zufällig, durch ein Missverständnis, weil seine Gesprächspartner ihn nicht verstehen und er sie nicht, gerade so zufällig gewinnt er eine tiefe Lebenserkenntnis. Alles Zufall? Natürlich, denn der Erkenntnisgewinn fällt ihm zu; er hat nicht danach gesucht, er hat ihn nicht besonders verdient, er stolpert einfach so in die Szene – und entdeckt etwas, das sein Leben zufrieden und gelassen macht und was ihm am Ende einen guten Limburger Käse gibt. Es fällt ihm zu, ohne Bedingung und ohne Leistung.

Immer, wenn ich Hebels „Kannitverstan“ lese, kann ich die Zustimmung nicht verweigern. Ja, so ist das, das gibt's im Leben, so erfahre ich das auch, oft genug: Was tief und wichtig, reich und glanzvoll ist, das fällt mir zu. Daran kann ich im Grunde nichts machen; es gelingt mir nicht, das Glück herbeizuzwingen, jede Entscheidung ist ein Wagnis, ich öffne mich der Liebe und der Freundschaft auf Hoffnung und gut Glück, ganz selten hab ich's in der Hand, hab ich im Griff, ob, was ich beginne, gut endet, ob, was ich erträume, eintrifft. „Ich glaube nicht an Zufälle!“ – im Gegenteil, das Leben ist voller Zufälle, es ist ein einziger Zufall – das Leben fällt mir zu!

Dabei – Sie hören's ja – dabei muss das Wort „Zufall“ richtig verstanden werden. „Zufall“ heißt nicht: blindes Schicksal, Willkür des Kosmos oder völlig unbegründete Fügung. Nein, fällt mir etwas zu, dann ist da einer, der mir's zufallen lässt. Keiner aber, der allmächtig zuteilt, der Wohl und Wehe verteilt nach einem mächtigen, harschen und gerechten Plan, der allwissend, kalt lächelnd sieht, was der Mensch denkt und es dann ganz anders lenkt.

Gott, der mir zufallen lässt, was das Leben wert und teuer macht, Gott liebt – und wer liebt, der teilt nicht zu, der setzt sich nicht einfach durch, der flicht mich nicht ein in einen großen Plan, der am Ende nichts zu tun hat mit mir, in dem ich nur Rädchen bin, ein Nümmerchen allenfalls. Gottes Zufall sieht so aus, dass ich etwas zu entdecken habe, dass mir die Augen auf- und übergehen, dass ich mich überraschen lassen kann davon – und meine Lehre ziehen, mein Glück entdecken, meine Hoffnung nähren kann, einschließlich Limburger Käse.

Da fällt mir etwas zu, da ist mir Erkenntnis in die Hand und in das Herz gegeben, da mache ich eine Gotteserfahrung – und dann ist's an mir, zu leben damit, mein Leben zu gestalten.

Hebels Handwerksbursch, der hat nicht begriffen, woher der Zufall kommt, er bleibt arglos – und so geht es uns ja auch oft genug. Da ist doch viel, was mein Leben bestimmt, Liebe und Freundschaft, Zufriedenheit und Erwartung, Sehnsucht und Traum – und ich kann nicht wirklich sagen, woher das kommt und wie es gewachsen ist. Da bin ich so ahnungslos wie unser Tuttlinger; ich stehe vor einem Rätsel. Oder besser: Vor einem Geheimnis.

Denn das ist das Geheimnis unseres Lebens: Dass uns so viel Reichtum und Kraft zufällt, so viel Lebendigkeit – und wir wissen es nicht einmal, oft genug. Gott ist das Geheimnis unseres Lebens – wir verstehen es nicht, wir loten es in seiner Tiefe nicht aus, erfassen seine Weite nicht; und doch ist er da, ist er da und wirkt. „Kannitverstan", da stimme ich ein, ganz oft: Ich versteh nichts – und doch ist er da und wirkt.

Manchmal spüre ich das auch. Johann Peter Hebel erzählt davon, auf ganz freundliche Weise. Was dem Tuttlinger Handwerker am Ende bleibt von seinem Sprachabenteuer in den Niederen Landen, das ist: „Zufriedenheit mit seinem Schicksal" – und der Geschmack von Limburger Käse!

Und darauf zielen Gottes Zufälle, dass ich zum Frieden komme, gelassen durch meine Tage gehen kann. Und Hebel erzählt es mit wundervollem Humor; das fällt mir auch zu bisweilen, ein gottgegebenes Lachen, das mir das Herz erhellt und das die Seele befreit. Dann steh ich staunend in meiner Zeit, seh mein Leben an und all den Reichtum darin, dann lache ich beglückt und denke: „Mein Gott, welch ein Zufall!" „Kannitverstan" – aber öffnen, öffnen kann ich mich dafür.

Amen

Lied: Wir haben Gottes Spuren festgestellt … (BEL 665,1-3, P 655, RWL 648)

Bitte lassen Sie uns beten miteinander:

Gott, du lässt uns zufallen,
was wir zum Leben brauchen:
das Süße und das Salzige,
das Bewegende und das Beunruhigende,
den rechten Mut und die rechte Vorsicht,
den hellen Glanz und das bergende Dunkel.
Wir tun unsere Hände auf im neuen Jahr –
für deine Zufälle.

Gott, unser Hüter, Brunnen aller Güter,
ach, lass doch immer über unser Leben
für Jahr und Tag dein Lieb und Güte schweben!
Du bist uns nahe!
(nach „Lobet den Herren …“, EG 447,6)

Gott, du lässt uns zufallen, was das Leben reich macht.
Aber wir denken an die, die darben,
weil die Güter so ungerecht verteilt sind,
weil den Armen keine Gerechtigkeit zuteilwird.
Fülle die Hände derer,
die leer ausgehen!

Gott, unser Hüter …

Gott, du lässt uns zufallen,
was das Leben heilt.
Aber wir denken an die, die krank darniederliegen,
deren Tage aus Schmerz bestehen,
die ihre letzten Schritte gehen

und Hoffnung brauchen.
Nimm sie in deine heilsame Hand.

Gott, unser Hüter …

Gott, du lässt uns zufallen,
was uns zum Leben ermutigt.
Aber wir denken an die ganz und gar Mutlosen,
die enttäuscht durch ihr Leben gehen,
die verletzt wurden
und nun nicht mehr zu lieben wagen.
Reich ihnen deine Hand.

Gott, unser Hüter …

Gott, du lässt uns zufallen,
was unser Leben rettet.
Aber wir denken an die,
die zu Opfern geworden sind
in den vielen Kriegen,
unter denen die Welt seufzt,
wir denken an Verletzte und Verschüttete,
an Verfolgte und Heimatlose,
an alle, die um ihrer Not willen verzweifeln.
Ergreife ihre Hand!

Gott, unser Hüter …

Vaterunser

Friedensgruß

Lied: Der du die Zeit in Händen hast … (EG 64,1-3.6; nach Melodie 363)

Was du brauchst, lässt Gott dir zufallen.
Was dir zufällt, kommt aus seiner Hand.
In seiner Hand bist du geborgen.

So segnet und behütet dich Gott,
der Liebevolle und Lebendige,
der Vater, der Sohn und der Heilige Geist.

Amen, Amen, Amen

Orgelnachspiel

Ganz frisch und neu – Predigt zum Neujahrstag (Klagelieder 3,23-26)

Alle Morgen weckt er mir das Ohr, dass ich höre, wie Jünger hören. Amen

Hören wir auf Gottes Wort aus den Klageliedern des Jeremia, im 3. Kapitel, die Verse 23-26 (Textlesung).

Verleihnix, liebe Gemeinde – Sie kennen Verleihnix? Sie erinnern sich vielleicht: „Wir befinden uns im Jahr 50 vor Christus. Ganz Gallien ist von den Römern besetzt … Ganz Gallien? Nein! Ein von unbeugsamen Galliern bevölkertes Dorf hört nicht auf, dem Eindringling Widerstand zu leisten." Verleihnix ist der Fischhändler der Leute um Asterix und Obelix, und Verleihnixens Fische haben ein Markenzeichen: Sie duften, sie haben Mundgeruch, sie haben ein Geschmäckle, kurz: Sie sind nicht ganz frisch. Und weil der Dorfschmied Automatix das immer mal wieder anmerkt, gibt es im Gallierdorf regelmäßig eine zünftige Prügelei. Und Häuptling Majestix stürzt sich ins Getümmel, Druide Miraculix steht kopfschüttelnd dabei und wundert sich: „Kinder, Kinder!" Aber die Gallier brauchen das, um sich wohlzufühlen.

Was brauchen wir, um uns wohlzufühlen, am Anfang eines neuen Jahres?

Eine frische Brise wäre nicht schlecht, ein Neuanfang nach schweren oder mageren Zeiten, wenn das vergangene Jahr so gewesen ist.

Wir haben es ja gewiss alle sehr unterschiedlich erlebt. Für manchen war 20xx ein Spaziergang, für andere ein harter Marsch; die eine hat Lieder gesungen auf dem Weg, der andere hat allen Grund zu düsteren Klagen. Wie immer es gewesen ist, nun alles „ganz frisch und neu“, wie wir eben im Lied gesungen haben, das wäre schon was, das ließe ich mir gefallen.

Aber so geht's halt nicht. Auch nach Silvester null Uhr sind wir die Alten geblieben: Was es an Geschmäckle und üblen Gerüchen im letzten Jahr gab, das haftet uns noch an. Die Mühe steht uns noch ins Gesicht geschrieben, die Herzen und Hände tun noch weh. In unserer persönlichen Geschichte ist das so und in der weiten Welt auch: Der Bombenterror im Nahen Osten hat kein Ende gefunden, die Bürgerkriege toben weiter und Hunderttausende werden vertrieben, fliehen vor Hunger und Tod. Da ist nichts „ganz frisch und neu“ – die offenen Wunden unserer Zeit wurden vor Silvester nicht noch eben geheilt.

Aber ich will nicht nur schwarzmalen: Es hat auch wunderbare Tage und Beglückendes gegeben, herrliche Ausblicke, tiefe Einblicke, Trost, Liebe, Freundschaft. Die dürften gerne viel mehr Raum haben im jetzt beginnenden Jahr – von den „köstlichen Dingen“, von denen Jeremia singt, darf es ruhig mehr geben! Die wären willkommen!

Aber so sind wir eben mit der ganzen Gemengelage von Wohl und Wehe, von Glück und Schmerz im neuen Jahr angekommen, als die, die wir geworden sind im Lauf der Jahre, mit unseren Grenzen und Möglichkeiten, ungebeugt wie die Gallier oder tief gebeugt vom Leben wie Leute, die zu schwer zu tragen haben, aufrecht und pfiffig wie Asterix oder gezeichnet und hart wie ein Hinkelstein. In der Weltgeschichte und in unseren ganz eigenen Lebensgeschichten, da wird nicht einfach alles neu und frisch, da fängt am 1.1. nicht einfach alles von vorne an.

Und das ist, zum Ersten, auch gut so. Denn nicht nur wir fangen nicht ganz von vorne an – Gott tut es auch nicht. Gott ist in diesem Jahr kein anderer, als er es im vergangenen war. Er ist der treue, der beständige Gott, auf den Verlass ist, der nicht von uns weicht. „Gott ist mein Teil“, singt Jeremia, also: Gott gehört zu mir und ich gehöre zu ihm, das gilt für alle Zeit und für jede Zeit, gestern, heute, morgen – und übermorgen auch noch. „Deine Treue ist groß", heißt es im Lied des Jeremia. So groß ist sie, dass sie all unsere Jahre ausfüllt und umschließt. Die Worte „Treue" und „Vertrauen" haben denselben Ursprung – wenn Gott uns also treu ist, dann rechtfertigt er unser Vertrauen, dann ist er vertrauenswürdig über Jahr und Tag. Daran ändert sich nichts. Gut so, wir brauchen Gott auch nicht immer frisch und neu, wir brauchen ihn verlässlich, alltäglich verlässlich. Genau das ist er.

Das gibt, zum Zweiten, unserem Leben eine bemerkenswerte Qualität.

Denn wenn wir zum Herrn der Zeiten gehören, dann gehören wir nicht mehr der Zeit, dann sind wir nicht ausgeliefert: keinem blinden Schicksal, keiner Konstellation irgendwelcher Sterne und nicht den Zeitläufen, die uns hierhin und dorthin treiben könnten. Wir brauchen nicht zu fürchten, dass uns der Himmel auf den Kopf falle, wie das wackere Gallier so tun, dass irgendwann einmal aus und Ende ist und die Zeit uns den Faden abschneidet. Nein! Dass wir zum alltäglich verlässlichen Gott gehören, das ist unverbrüchlich, darum sind wir niemals Gefangene unserer Zeit und unserer Geschichten.

Ja, natürlich, wir sind über den Jahreswechsel hin, durch das Silvesterfeuerwerk und das Neujahrsgeläut hindurch die Alten geblieben – aber festgelegt sind wir nicht. Was zu schwer auf den Schultern liegt, kann abfallen; enge Herzen können weit werden, harte Gesichter weich und schön. Wunden können geheilt werden und Glück muss nicht einfach verfliegen. Die Hände und Füße müssen nicht müde bleiben und meine Träume dürfen bestehen, müssen nicht verwehen. Wir sind auf das Vergangene nicht festgelegt. Verbunden mit Gott sind wir nicht gebunden an das, was war. Indem Gott sich treu ist und uns treu ist, indem er ganz der Alte bleibt, müssen wir dem Alten nicht verhaftet bleiben.

Merken Sie es? Da wendet sich das Blatt.

„Gottes Barmherzigkeit ist alle Morgen neu", freut sich Jeremia, und im Lied vorhin haben wir gesungen:

„All Morgen ist ganz frisch und neu / des Herren Gnad und große Treu; / sie hat kein End den langen Tag, / drauf jeder sich verlassen mag."

Weil Gott uns beständig treu bleibt, weil er uns unverbrüchlich nahe ist und mit seiner Liebe nicht von unserer Seite weicht, darum birgt jeder Tag, auch jeder Tag des eben angebrochenen Jahres, neue Chancen und neue Möglichkeiten. Wir können uns bei dem alten Gott bergen, wenn Geborgenheit nötig ist – aber wir können mit dem verlässlichen Gott auch aufbrechen, wenn Aufbruch geboten ist. Wir können das neue Jahr und jeden Tag darin mit einem feinen Lachen beginnen, weil wir zwar keine anderen Leute sind als Jahr und Tag davor – aber wir haben, Gott sei Dank, neue Erfahrungen, frische Herausforderungen, neue Perspektiven und frischen Mut vor uns.

Gott steht dafür ein. Und Jeremia kommentiert: „Das ist ein köstlich Ding!"

Wenn die unbeugsamen Gallier ihre Abenteuer bei den Goten, auf Korsika oder bei den Pikten bestanden haben, dann gibt es am Ende immer ein großes Bankett mit Wildschwein und Met. Die wissen zu feiern am großen, runden Tisch, und dann singen sie und erzählen sich, was sie erlebt haben auf großer Überfahrt oder bei den Olympischen Spielen. Ich finde, dem steht auch für uns nichts im Wege – wir haben auch zu erzählen, von „köstlichen Dingen", von einem Gott, der uns treu ist, und der uns Zukunft erschließt, täglich, alltäglich „ganz frisch und neu".

Feiern wir das! Und ich schlage vor, heute sogar Troubadix einen Platz am Tisch des Herrn zu gewähren, denn Gottes Treue gilt allen, jedem und jeder von uns.

Beim Teutates! Na ja, oder besser:

Amen

Epiphanias

Licht im Herzen – Gottesdienst zum Epiphaniastag

Orgelvorspiel

Lied: Du Morgenstern, du Licht vom Licht ... (EG 74,1-3)

Votum – **Amen**

(Begrüßung)

Der Gott, der an uns denkt und der lächelt dabei, unser Gott, der sei mit euch **– und mit deinem Geist**

Gott denkt an uns, Psalmgebet im Wechsel nach Psalm 105:

Nun danket all und bringet Ehr,
ihr Menschen in der Welt,
dem, dessen Lob der Engel Heer,
im Himmel stets vermeldt. (EG 322,1)

Dankt unserem Gott und ruft seinen Namen;
verkündigt sein Tun unter den Völkern!
    Singt und spielt ihm,
    redet von allen seinen Wundern!

Rühmt seinen heiligen Namen;
es freue sich das Herz derer, die Gott suchen!
    Fragt nach Gott und nach seinem Tun,
    sucht sein Antlitz allezeit!

Ermuntert euch und singt mit Schall
Gott, unserm höchsten Gut,
der seine Wunder überall
und große Dinge tut. (EG 322,2)

Gedenkt seiner Wunderwerke, die er getan hat,
seiner Zeichen und der Worte seines Mundes.
    Er ist unser Gott,
    er bringt alle Welt zurecht.
Er gedenkt ewiglich an seinen Bund,
an das Wort, das er verheißen hat.

Er gebe uns ein fröhlich Herz,
erfrische Geist und Sinn,
und werf all Angst, Furcht, Sorg und Schmerz
ins Meeres Tiefe hin. (EG 322,5)

Freut euch unsres Gottes,
und immer wieder sage ich: Freut euch!

Ehre sei dem Vater …

Bitte beten Sie mit mir:

Mein Gott, ich freue mich, ich freue mich an dir!
Du Gott des Sonnenaufgangs und der Abendkühle,
du Gott der klirrenden Kälte und der Hitze im August,
du Gott des Tanzes und der Musik,
du Gott der Liebenden,

du Gott der singenden Kinder und der Altersweisen mit dem grauen Haar,
du Gott des stillen Waldes und der lauten Städte,
ich freue mich, ich freue mich an dir!
Und wenn sie getrübt ist, meine Freude,
wenn sich ein Schatten legt auf Stadt und Land,
wenn sich der Unmut auf meine Seele senkt,
dann, mein Gott, dann rufe ich zu dir:
Gott meiner Freude, erbarme dich!

Kyrie (EG 178.10)

Gott hört uns und er lässt sich hören,
und das ist es, was Gott uns zusagt:

Kommt her und seht die Werke Gottes,
der so wunderbar ist in seinem Tun an den Menschenkindern!
Ehre sei Gott in der Höhe – **und auf Erden Fried ...**

Lied: In dir ist Freude ... (EG 398,1)

Bitte lassen Sie uns beten miteinander:

Gott, unser Gott, der du dich freust an deiner Schöpfung,
am Spiel deiner Kinder, an der Pracht deiner Welt,
gib uns ein Herz, das Freude sucht
und das das Glück austeilt, das es gefunden hat.
Das bitten wir dich durch Jesus Christus,
der unser Bruder geworden ist,
und der mit dir und dem Heiligen Geist
lebt und wirkt von Ewigkeit zu Ewigkeit.
Amen

Schriftlesung: Philipper 4,4-7

Du tust mir kund den Weg zum Leben, vor dir ist Freude die Fülle! Halleluja

Halleluja …

Lied: Wie schön leuchtet der Morgenstern … (EG 70,1.3.4)

Licht im Herzen: Predigt zu 2. Korinther 4,6-7

Dein Wort, mein Gott, ist meines Fußes Leuchte und ein Licht auf meinen Weg. Amen

Hören wir auf Gottes Wort, aus dem Brief des Paulus an die Korinther, im 4. Kapitel, die Verse 6 und 7 (Textlesung).

Der Letzte, liebe Gemeinde, der Letzte macht das Licht aus. Sie kennen diesen etwas nonchalanten Spruch, der gerne mal hingeworfen wird, wenn sich irgendetwas dem Ende zuneigt. Der Letzte macht das Licht aus, in krisengeschüttelten Landesbanken zum Beispiel, bei Hertha BSC, wenn's in der Bundesliga so erfolglos weitergeht, oder eine Zeit lang haben wir's bei Opel gedacht: Der Letzte macht das Licht aus. Schau ich mir die Schlagzeilen der vergangenen Wochen an, dann mag dieser Satz für die Kirchen auch gelten. Selbst die katholische Kirche, die da immer etwas resistenter war, verzeichnet inzwischen höhere Austrittszahlen. Wenn die Medien ein wenig besser recherchierten, hätten sie bald gemerkt, dass das nahe Ende der Kirche doch etwas zu plakativ beschworen wird – tatsächlich nehmen nämlich auch die Eintrittszahlen zu –, aber so ist nun eben gemunkelt worden: Die Kirche hat sich langsam überlebt, der Letzte macht das Licht aus. Und dann ist zappenduster, dann braucht's keine Gemeinden und keine Pfarrer und Pfarrerinnen mehr.

Hier, bei Paulus, da klingt das alles ganz anders: Da macht der Erste nämlich das Licht an. „Gott, der sprach: Licht soll aus der Finsternis hervorleuchten." Bei aller Dunkelheit, bei allen Schatten und allem Mangel an Licht, den wir durchaus wahrnehmen überall – Paulus erinnert daran, mit wem wir es zu tun haben, von wem her wir kommen. Von dem her, der das Licht erst geschaffen hat, von dem her, der dafür gesorgt hat, dass es so etwas wie allertiefste Finsternis, so etwas wie „zappenduster" und tiefschwarze Nacht nicht wirklich gibt.

Ich bin froh, dass Paulus daran erinnert – weil ich das manchmal vergesse; in Zeiten wie diesen besonders. In den vergangenen Nächten hatte ich manchmal das Bild eines verschütteten Kindes in Haiti vor Augen, zu dem kein Lichtstrahl durchdrang, das alleine war, furchtbar alleine, bis es hilflos in der Dunkelheit gestorben ist, erdrückt von Tonnen von Gestein; oder ich denke an die Mutter, die nach ihrem Kind sucht, und nach drei, vier Tagen ist auch das letzte Flämmchen Hoffnung erloschen. Zeiten allerschwärzester Trauer habe ich im Gedächtnis, oder die Verzweiflung eines Sterbenden, für den der Tod eine lichtlose, beängstigende Nacht war – und für den es keinen Wegbegleiter gab mit einer Fackel in der Hand, der ihn hindurchführen würde.

Dunkel wie in unterirdischen Höhlen, finster wie in verregneten Neumondnächten, so fühlt es sich manchmal an in unseren Herzen – und manche Krankheit der Seele setzt sich wie ein Dämon vor die Herzenstür und lässt nicht den kleinsten Glanz herein; dann springt die Angst einen an wie ein schwarzes Tier und beißt sich in der Seele fest.

So kann es um uns bestellt sein, so sehen die dunklen Täler aus, von denen der 23. Psalm, eigentlich viel zu anheimelnd, spricht. „Und ob ich schon wanderte im finsteren Tal" – ja, in der Tat, „und ob" – und ob ich da schon gewandert bin, und ob – und nicht nur einmal.

Da ist es gut, erinnert zu werden, wo wir herkommen. Wir kommen von dem her, der die Welt gemacht hat, vom Schöpfer her, und sein erstes Werk war das Licht. Das Licht, damit er selbst die göttliche Hand vor Augen sieht, damit er das Tohuwabohu anschauen und ordnen kann. Wir kommen von dem her, der einen guten, klaren Blick hat für uns und der das Durcheinander unseres Lebens auf die Reihe bringen kann. „Gott, der da hieß das Licht aus der Finsternis hervorleuchten“, der steht am Anfang unseres Daseins, unser Leben kommt vom Licht her, ist glanzgeboren, ist von lichter, sonniger Herkunft.

Ich bin froh, dass Paulus daran erinnert – und ich bin noch viel froher, dass er es bei der Erinnerung allein nicht belässt.

Paulus erinnert nicht nur an das, was war, er macht uns auch aufmerksam auf das, was seither gilt. Aufmerksam darauf, dass das Licht vom ersten Schöpfungstage her noch immer bei uns wohnt, in uns drinnen, im Herzen! „Gott, der sprach: Licht soll werden, der hat einen hellen Schein in unsere Herzen gegeben.“

Da ist schon aufregend, liebe Gemeinde, dass in uns drinnen das Licht wohnen soll, das zu allem Anfang der Welt ein Gesicht und Farben gegeben hat; dass mit derselben Macht, mit der Gott Sonne, Mond und Sterne geschaffen hat, die Farben der Schmetterlinge und den schillernden Regenbogen über einem Wasserfall, mit der er den blauen Blitz des Eisvogels und das helle Lachen Evas erschuf ... mit derselben Macht hat er uns ein Leuchten ins Herz getan. Ein Leuchten, ein Glanz, ein Schein, der in unsren Herzen zu Hause ist: als warme Liebe, frohe Hoffnung, gleißende Sehnsucht, strahlendes Glück.

Ach ja, Sie hören's, ich werde poetisch. Es klingt halt auch so schön: Ein Schein im Herzen, ein Licht, das von innen wärmt. Wenn's nur so wäre ...

Aber es ist so, liebe Gemeinde. Es ist so, schon, weil Gott sagt, dass es so sei, weil er selber dafür einsteht. Aber ich glaube auch, dass wir es spüren können. Es fühlt sich nur nicht immer gleich an. Das Licht in unseren Herzen, das scheint auf hundert verschiedene Weisen.

So wie der Baustellenscheinwerfer zum Beispiel: sehr hell, sehr kräftig, dann ist mein Herz erfüllt von Licht, ich lache, ich juble und mein Blick ist klar, ganz ungetrübt. So häufig ist das nicht, aber es gibt diese Tage, Stunden, Augenblicke des Glücks; sie mögen kurz sein und selten, aber sie strahlen und wärmen lange nach, ich zehre lang davon. Bestimmt fallen Ihnen solche Momente ein.

Oder Gottes Licht leuchtet wie ein Deckenfluter; der ist ein dezentes Möbel. Das Licht blendet nicht und breitet sich doch weit aus; tatsächlich scheint es so, als komme es von oben her. Es erleuchtet die Szene, aber nicht grell und mit schmerzhaft weißen Strahlen. Es leuchtet gerade so, wie ich es brauche, um zu sehen und zu verstehen, und um die Schatten gelten zu lassen, die es eben gibt, wenn Licht auf mich fällt.

Das sind diese Momente der Aufmerksamkeit, wenn ich etwas verstehe, wenn ich begreife oder staunen kann. Das sind die Zeiten, da ich zufrieden bin und da alles gut ist, wie es ist – da muss ich nichts tiefer ausleuchten, da muss ich nichts in Licht zerren; ich sehe, was vor Augen ist; ich sehe den Glanz auf den Dingen ... und das genügt.

Und es kann leuchten wie eine Schreibtischlampe, den Spot auf einen Punkt gelenkt, nur einen Ausschnitt angeleuchtet und angestrahlt. Dann bin ich sehr konzentriert, dann ist mir etwas wichtig geworden, dann nimmt mich etwas ganz in Beschlag, fordert meine ganze Aufmerksamkeit. Vielleicht der Mensch, den ich liebe und der mich jetzt braucht; oder die eine Lebensfrage, die es jetzt zu entscheiden gilt; oder das Wort, das Bild, der Ton, der mich gerade ergreift und alles um mich her vergessen lässt. Ich genieße solche Zeiten sehr und lasse mich gerne einfangen von Dingen, die jetzt und heute dran sind – sie lehren uns, den Reichtum zu sehen, der uns gehört, und sie lehren es an dem einen lächelnden Gesicht, in der einen kleinen Melodie, dem einen leisen Wort.

Vielleicht breitet sich das Licht im Herzen auch aus wie die Flamme auf der Osterkerze; die ist selbstbewusst, die hat etwas zu sagen. An ihr werden Taufkerzen entzündet, sie teilt sich mit, hat Symbolkraft, sie steht für etwas sehr, sehr großes, für das Licht Gottes selbst. So kann ein Herz erfüllt sein von einem guten Stolz, einem strahlenden Selbstbewusstsein, dem Bewusstsein des eigenen Wertes, der eigenen Würde. Es gibt die Tage doch auch, da wir strotzen vor Kraft, da uns die Dinge leicht von der Hand gehen und wir Entscheidungen mutig treffen – und die Leute lesen's uns von den leuchtenden Augen ab, wie wir eins sind mit uns selbst.

Aber die anderen Tage gibt es auch, da das Licht gerade mal so flackert, da die Flamme zart und zaghaft brennt wie beim Teelicht. Dann bin ich verletzlich und mir ist bange, aber dann bin ich auch einfühlsam, dann höre ich die leisen Töne. So wenig Kraft eine solche kleine Flamme hat – allein in einen dunklen Raum gestellt, legt sie doch einen zarten Glanz auf die Dinge, schafft sie besondere Momente, stille Zeiten, die ich, so fragil sie sind, nicht missen mag.

Viele, viele Weisen gibt es, liebe Gemeinde, wie das Licht Gottes scheint in unsren Herzen. Nehmen wir diese Vielfalt doch als Reichtum wahr, als große, strahlende Lebendigkeit. Wichtig ist eines vor allem: Das Licht wird nicht verlöschen, niemals. Es ist ja Gottes Licht und nicht unseres – und wo wir in unserer Verzweiflung meinen, die Kerze sei längst ausgeblasen, das Licht längst ausgeknipst, die Flamme lange schon verloschen – da ist es doch da. „Gott hat einen hellen Schein in unsere Herzen gegeben" – er hat es getan, und nun ist er da.

Schauen Sie nach, suchen, spüren Sie, seien Sie aufmerksam. Sie werden ihn finden, und die Augen werden leuchten.

Amen

Lied: Singt das Lied der Freude über Gott ... (EG 305,1.3.4)

Bitte lassen Sie uns beten miteinander:

Das möchten wir gerne, Gott: strahlen.
Darum schauen wir aus nach dir,
darum stehen wir aufrecht
und heben unseren Blick –
du gibst uns Grund zur Freude,
du lässt uns lachen.
Sieh uns an, Gott,
leuchte in unsre Zeit.
Wir bitten dich:

Herr, gib uns deinen Frieden ... (EG 436)

Wir möchten deine Welt gerne erstrahlen sehen, Gott,
dass sie ihre Schönheit entfaltet,
dass sie im Licht deiner Sonne blüht und gedeiht.
Aber du siehst, wie viele Wolken da sind,
Wolken des Krieges, des Hasses, der Gewalt,
die kein Licht durchlassen,
die deine Erde entstellen.
Vertreib die Wolken, Gott,
mach den Horizont auf!
Wir bitten dich:

Herr, gib uns deinen Frieden ...

Wir sehen die vielen, Gott,
die im Dunkeln stehen,
die sich nicht aus ihren Schatten wagen,
weil sie verletzt wurden,
weil das Leben sie enttäuschte,
weil du ihnen nicht geantwortet hast,
als sie nach dir riefen.
Hilf ihnen, Gott, zu spüren,
dass du bist mit deinem warmen Licht.
Wir bitten dich:

Herr, gib uns deinen Frieden ...

Manchmal, Gott, strahlst du uns zu hell an,
dann sehen wir allzu deutlich,
wo wir gefehlt haben,
wie unvollkommen und gebrochen wir sind,
welche Wunden wir tragen
und wie dunkel es in unseren Seelen sein kann.

Dann hilf, Gott, dass dein Licht uns heilt,
und hilf uns zu glauben,
dass du uns mit Liebe ansiehst.
Wir bitten dich:

Herr, gib uns deinen Frieden ...

Du strahlst uns an, Gott,
in dein Strahlen hinein sind wir geborgen.
In der Stille sagen wir dir,
was uns persönlich bewegt:
(Gebetsstille)

Für alle, die wir lieben,
und für uns selbst bitten wir:

Herr, gib uns deinen Frieden ...

Vaterunser

Und der Friede Gottes,
der über unser Sehen und Verstehen geht,
der weiter ist, als wir glauben
und tiefer, als wir ahnen,
der bewahre eure Herzen und Sinne
in Christus Jesus.
Amen

Lied: Ach, bleib mit deiner Gnade ... (EG 347,1-4)

Segen:

Gott lächelt dir zu – und du strahlst.
Gott hört dich – und du hast einen Freund.
Gott trägt dich – und du fürchtest dich nicht.

So segnet und behütet dich Gott,
der Liebevolle und Lebendige,
der Vater, der Sohn und der Heilige Geist.

Amen, Amen, Amen

Orgelnachspiel

Gebete

Lachen können – Fürbitte

Wir möchten gerne lachen können, Gott,
lachen vor Lebensglück und Lebensmut,
lachen – aus tiefstem Herzen,
wie die es tun, die du getröstet hast.
So tröste uns, Gott,
in allem, was uns das Lachen verdirbt.
Komm, Gott, und tröste:

O Heiland, reiß die Himmel auf … (EG 7,1)

Die Geschlagenen möchten wieder lachen, Gott,
die, die Opfer wurden,
im Krieg, hungernd, ihrer Heimat beraubt.
Ihre Zahl ist so groß, unüberschaubar,
und du kennst sie doch, jede und jeden.
So tröste sie, Gott,
tröste sie mit deiner Zuwendung,
mit einem gerechten Frieden, den du schaffst.
Komm, Gott, und tröste:

O Heiland, reiß die Himmel auf …

Die Liebenden möchten lachen, Gott,

sich zu Freunden machen für die,
die angefeindet werden,
sich einsetzen mit Zeit und Geld und Fantasie,
damit Hungrige gespeist,
Kranke gepflegt,
Fremde willkommen geheißen werden –
doch manchmal geht es über ihre Kraft!
So tröste sie, Gott,
mit Anerkennung und Dank,
mit dem Gefühl, etwas zum Guten zu wenden.
Komm, Gott, und tröste:

O Heiland, reiß die Himmel auf ...

Die Kinder möchten lachen, Gott,
möchten sich entfalten,
in verlässlichen Beziehungen,
in Spiel und Neugierde –
doch oft erfahren sie Grenzen
und viel zu oft auch Gewalt.
So tröste sie, Gott,
mit deiner Aufmerksamkeit,
deiner schützenden Hand.
Komm, Gott, und tröste:

O Heiland, reiß die Himmel auf ...

Wir möchten lachen, Gott,
und du siehst,
was uns hindert daran und was uns ermutigt dazu.
In der Stille sagen wir dir,
was uns persönlich bewegt:
(Gebetsstille)

Für alle, die wir lieben
und die du uns anvertraut hast,
und für uns selbst rufen wir:
Komm, Gott, und tröste:

O Heiland, reiß die Himmel auf …

Vaterunser

Tröste uns – Fürbitte

Tröste uns, Gott, tröste uns!
Tröste die, die des Trostes bedürfen.
Wir irren in unseren Wüsten umher,
wir dürsten nach der Hoffnung,
die uns durchhalten lässt.
Hast du Hoffnung für uns, Gott?
Wir verlassen uns darauf:

Er ist die rechte Freudensonn,
bringt mit sich lauter Freud und Wonn,
Gelobet sei mein Gott,
mein Tröster früh und spat.
(EG 1,3 – ab Zeile 4)

Tröste uns, Gott, tröste uns!
Tröste die, die des Trostes bedürfen.
Wir denken an die Schwermütigen,
denen die Trauer das Herz zusammenzieht,
an die, deren Seelen verängstigt sind,
die sich nicht zu helfen wissen.
Bist du ihnen eine Hilfe, Gott?
Wir verlassen uns darauf:

Er ist die rechte Freudensonn ...

Tröste uns, Gott, tröste uns!
Tröste die, die des Trostes bedürfen.
Wir denken an die Dürstenden
in Wüsten, in Städten und Flüchtlingslagern,
die an Krankheiten leiden,
weil ihr Wasser nicht sauber ist.
Bewegst du die Herzen der Menschen, Gott?
Wir verlassen uns darauf:

Er ist die rechte Freudensonn ...

Tröste uns, Gott, tröste uns!
Tröste die, die des Trostes bedürfen.
Wir denken an die Missbrauchten und Verletzten,
deren Seelen Schaden genommen haben,
die gezeichnet sind
und nicht mehr wagen, sich zu öffnen.
Wirst du sie heilen, Gott?
Wir verlassen uns darauf:

Er ist die rechte Freudensonn ...

Tröste uns, Gott, tröste uns!
Tröste die, die des Trostes bedürfen.
In der Stille sagen wir dir,
was uns ganz persönlich bewegt:

(Gebetsstille)

Mit allen, die wir lieben
und die du uns anvertraut hast,
und für uns selbst
verlassen wir uns auf dich, Gott:

Er ist die rechte Freudensonn …

Vaterunser

Die ihr zu Gott gehört – Gebet im Wechsel nach Psalm 96

Kommt und singt, singt unserem Gott ein neues Lied!
Singt unserem Gott, ihr Bewohner der ganzen Erde!
Singt ihm, dankt eurem Gott,
verkündet Tag für Tag, wie gern er hilft!

SprecherIn:
Beim Propheten Jesaja heißt es:
Ein Ochse kennt seinen Herrn
und ein Esel die Krippe seines Herrn.
Darum:
Die ihr zu Gott gehört,
erkennt, wie gut es Gott mit uns meint!

Erzählt allen Menschen von seiner Schönheit und seinem Glanz,
berichtet allen Völkern von seinen großen Taten!
Sagt es allen Menschen: „Unser Gott schaut nach seiner Welt!"
Die Erde ist fest gegründet, sie stürzt nicht zusammen.

SprecherIn:
Beim Propheten Jesaja heißt es:
Ein Ochse kennt seinen Herrn
und ein Esel die Krippe seines Herrn.
Darum:

Die ihr zu Gott gehört,
erkennt, wie sehr Gott seine Welt liebt!

Gott wird alle Völker zurechtbringen.
Der Himmel soll sich freuen, die Erde soll jubeln,
  das Meer soll wogen und toben mit allem, was darin lebt!
  Der Ackerboden soll fröhlich sein samt allem, was darauf wächst.

SprecherIn:
Beim Propheten Jesaja heißt es:
Ein Ochse kennt seinen Herrn
und ein Esel die Krippe seines Herrn.
Darum:
Die ihr zu Gott gehört,
erkennt, wie Gott uns fröhlich machen will!

Alle Bäume im Wald sollen jubeln!
Denn unser Gott kommt;
  er kommt und sorgt für Recht auf der Erde.
  Er bringt alle Völker zurecht.

SprecherIn:
Beim Propheten Jesaja heißt es:
Ein Ochse kennt seinen Herrn
und ein Esel die Krippe seines Herrn.
Darum:
Die ihr zu Gott gehört,
erkennt, wie nahe Gott uns kommt!

Ehre sei dem Vater und dem Sohn
und dem Heiligen Geist,
  wie es war im Anfang, jetzt und allezeit
  und von Ewigkeit zu Ewigkeit. Amen

Advent und Weihnachten gut durchdacht

Advent, Weihnachten, Jahreswechsel – für Prediger und Predigerinnen jedes Jahr wieder eine Herausforderung. Manchmal gerät man da an die Grenzen der eigenen Fantasie, Kraft und Zeit. Dann ist es gut, Material in der Hinterhand zu haben. Der Praxisband liefert ausformulierte Gottesdienstentwürfe für die Sonn- und Feiertage zwischen Advent und der Epiphaniaszeit und zusätzliche Kurztexte, die für Andachten, Zeitungs- und Gemeindebrief-Besinnungen geeignet sind.

Christiane Nadjé-Wirth
In tiefster Nacht erschienen
Andachts- und Gottesdienstentwürfe für die Advents- und Weihnachtszeit

kartoniert,
136 Seiten,
ISBN 978-3-7615-6548-3

---

neukirchener